大学生职业生涯规划

（职业生涯规划篇）

主　编　袁　敏

副主编　高亚军　李　晟

参　编　李缪美　卢　慧　马瑞芳

　　　　闫雪梅　刘桂英　王　丁

北京理工大学出版社

BEIJING INSTITUTE OF TECHNOLOGY PRESS

图书在版编目（CIP）数据

大学生职业生涯规划．职业生涯规划篇／袁敏主编．—北京：北京理工大学出版社，2020.7（2022.8重印）

ISBN 978－7－5682－8633－6

Ⅰ．①大…　Ⅱ．①袁…　Ⅲ．①大学生－职业选择－高等职业教育－教材　Ⅳ．①G717.38

中国版本图书馆 CIP 数据核字（2020）第 113476 号

出版发行 /	北京理工大学出版社有限责任公司	
社　　址 /	北京市海淀区中关村南大街 5 号	
邮　　编 /	100081	
电　　话 /	(010) 68914775（总编室）	
	(010) 82562903（教材售后服务热线）	
	(010) 68944723（其他图书服务热线）	
网　　址 /	http：//www.bitpress.com.cn	
经　　销 /	全国各地新华书店	
印　　刷 /	三河市天利华印刷装订有限公司	
开　　本 /	787 毫米×1092 毫米　1/16	
印　　张 /	10.5	责任编辑 / 江　立
字　　数 /	236 千字	文案编辑 / 江　立
版　　次 /	2020 年 7 月第 1 版　2022 年 8 月第 3 次印刷	责任校对 / 周瑞红
定　　价 /	29.80 元	责任印制 / 施胜娟

图书出现印装质量问题，请拨打售后服务热线，本社负责调换

Preface 前言

在社会就业竞争日趋激烈的形势下，高校从学生入学起就开展职业生涯规划课程是具有重要意义和作用的。大学期间开展职业生涯规划教育不仅使大学生在入学初始阶段就了解自己、了解社会，激发学习的积极性和主动性，而且能够促使大学生设定明确的人生目标和职业目标，以此激发大学生注重综合能力和素质培养，有效地提高大学生的就业竞争力。

职业生涯规划的相关理论最早在西方悄然兴起，20世纪90年代经由欧美国家传入中国。职业生涯规划结合时代特点既体现了个人对自身能力、爱好、特长、不足等主观条件的综合分析，又显示了工作环境、工作性质等客观条件对规划者的限制，所以作为人力资源管理理论的重要内容之一，职业生涯规划相关理论越来越得到各大企业的热情关注，同时在高校大学生就业指导中获得认可。

美国的成功学大师安东尼·罗宾斯曾经提出过一个成功的万能公式：成功 = 明确目标 + 详细计划 + 马上行动 + 检查修正 + 坚持到底。遗憾的是，这一定律由于传统的教学理念，在以成绩为导向的教学中被学生所忽视，并不为大学生所熟知、认可，更不要说自觉地运用于自身的生涯规划中。

从高中进入大学，学生们走向了人生发展的新平台。在这个平台上，学生不再以分数为学习的第一追求，而要完成从职业学生到社会人的转化。在逐渐扩大的人生舞台上他们必须从被动走向主动。学习目标、人生发展方向等这些一直由师长们做主的重要课题已转移到了自己身上，他们要选择、决定、执行、修订，并要最终承担后果，这对从未曾独立过的他们来说是一项艰难而又必须完成的任务。从学校走向社会，大学生将会面对一个全新的世界，在这个世界里，使大学生能够立足的是所选职业，它不仅是生活的基础，更重要的是它所体现出的每个人存在的价值。

在深入了解学生现状及需求的基础上，本教材根据高等职业教育教学特点与规律，针对高职学生和院校课程设置的实际情况，以用科学规范的方法帮助大学生发掘潜能、提炼优势，对未来的职业发展能有清晰明确的认知为目标而编写。旨在通过编写，给学生提供一本可以在课堂中与教师教学内容结合紧密，可以在课余时间作为开拓知识面、了解职业与行业的普及书籍；给教师提供一本内容充实、教学资源充足的教学参考书籍。力求做到适用、够用、好用。

针对现用教材以理论的讲述为主、重讲解、轻实训、创设情境让学生参与的内容不足的问题，本教材特设"实训项目"内容栏目，结合各章讲述的内容，系统地设计与教学过程紧密结合的实训内容。"实训项目"下具体设置：【目的及要求】使实训目标明确，重在增强学生参与的信心；【项目背景】着重与知识间的相互联系与现实的意义，着眼于开阔思路，形成知识能力的体系；【训练步骤】是学生具体操作时的指导，通过分步骤的层层引导，将繁难的训练分解为各个可行的小任务，便于学生操作。同时，各章节间的实训内容相互联系，可以作为学生职业生涯认知成长的记录，为相关课程的学习提供帮助，如学习管理、成长计划等。

内容充实，体系完善，与大学生的职业生涯紧密相关是本教材的特点。各章节内容与学生在校生活情境中的时间点配合，使学生全面了解职业生涯规划的相关知识，掌握人力资源管理的相关知识，同时学会自我管理，全面提高整体素质。用详尽的内容体系为教师教学提供优质的资源，便于教师教学、管理。每章下设"心灵咖啡""案例导读"等小栏目，使教材形式活泼，吸引读者。"心灵咖啡"通过寓意丰富的小故事引入主要内容，增加教材的可读性；"案例导读"通过鲜活的生活实例及简练到位的理论指导，切合学生实际，增强教材的实用性。

本教材由西安职业技术学院基础部职业生涯规划课程组全体成员编写。在编写的过程中，各级部门、各位领导给予了大力的支持，对此我们表示由衷的谢意。我们也借鉴了一些专家、学者的观点，援引了一些教材和网上的素材，在此也一并表示感谢与敬意。

由于大学生职业规划课程还处于探索阶段，也由于我们编写时间较紧，所以在编写中难免会出现一些局限性，会有一些不尽如人意的地方，恳请广大读者提出宝贵意见，也请专家学者给予批评指正，我们将不断努力提高、改进。

编　者

Contents 目　录

第一章

大学生活与职业规划

四只毛毛虫的故事

从前，有四只要好的毛毛虫，它们都喜欢吃苹果。它们都长大了，各自要去森林里找苹果吃。

第一只毛毛虫跋山涉水，终于来到一株苹果树下。它根本就不知道这是一棵苹果树，也不知道树上长满了红红的可口的苹果。当它看到其他的毛毛虫往上爬时，稀里糊涂地就跟着往上爬。没有目的，不知终点，更不知道自己到底想要哪一种苹果，也没想过怎么样去摘取苹果。

第二只毛毛虫也爬到了苹果树下。它知道这是一棵苹果树，也确定它的目标就是找到一个大苹果。问题是它并不知道大苹果会长在什么地方。但它猜想：大苹果应该长在大枝叶上吧！于是它就慢慢地往上爬，遇到分支的时候，就选择较粗的树枝继续爬。于是它就按这个标准一直往上爬，最后终于找到了一个大苹果，这只毛毛虫刚想高兴地扑上去大吃一顿，但是放眼一看，它发现这个大苹果是全树上最小的一个。

第三只毛毛虫也到了苹果树下。这只毛毛虫知道自己想要的就是大苹果，并且研制了一副望远镜。还没有开始爬时就先利用望远镜搜寻了一番，找到了一个很大的苹果。同时，它发现当从下往上找路时，会遇到很多分支，有各种不同的爬法；但若从上往下找路时，却只有一种爬法。它很细心地从苹果的位置由上往下反推至目前所处的位置，记下这条确定的路径。可是，这只毛毛虫爬行速度相当缓慢，当它抵达时，苹果不是被别的毛毛虫捷足先登，就是已经熟透而烂掉了。

第四只毛毛虫，做事有自己的规划和清晰的目标。它知道自己要什么苹果，也知道苹果将怎么长大。因此当它带着望远镜观察苹果时，它的目标并不是一个大苹果，而是一朵含苞待放的苹果花。它计算着自己的行程，估计当它到达的时候，这朵花正好长成一个成熟的大苹果，它就能得到自己满意的苹果。结果它如愿以偿，得到了一个又大又甜的苹果，从此过着幸福快乐的日子。

其实我们的人生就是毛毛虫，而苹果就是我们的人生目标：职业成功。爬树的过程就是我们职业生涯的道路。毕业后，我们都得爬上人生这棵苹果树去寻找未来，完全没有规划的职业生涯注定是要失败的。

现代社会，规划决定命运。有什么样的职业规划就有什么样的人生。我们的时间非常有限，越早规划你的人生，你就能越早成功。要想得到自己喜欢的苹果，想改变自己的人生，就要先从改变自己开始，做好自己的职业生涯规划，做第四只毛毛虫。

职业生涯规划

一、职业生涯的含义

（一）职业生涯的内涵

"生涯"一词由来已久，"生"原意为"活着"，"涯"为"边际"。"生涯"连起来就是"一生"的意思。"职业生涯"（Career）一词是由"职业"拓展而来的，主要是指一个人一生之中的职业道路和发展途径。

尽管不同学者对职业生涯的内涵有不同的认识，但作为一种客观存在，职业生涯有其基本含义，其主要包括如下内容：一是职业生涯是个个体的概念，是指个体的行为经历，而非群体或组织的行为经历。二是职业生涯是个职业的概念，实质是指一个人一生之中的职业历程。三是职业生涯是个时间的概念，意指职业生涯期。职业生涯期始于最初工作之前的专门的职业学习和训练，止于完全结束或退出职业工作。实际的职业生涯期在不同个体之间差别很大，有长有短。四是职业生涯是个发展和动态的概念，寓意着个人具体职业内容和职位的发展和变化。职业生涯不仅表示职业工作时间的长短，而且包含着职业变更与发展的经历和过程，包括从事何种职业、职业发展的阶段、职业的转换、职务的晋升等具体内容。

（二）职业生涯分类

一般来讲，职业生涯可分为内职业生涯和外职业生涯。

1. 内职业生涯

内职业生涯是指职业发展中通过提升自身素质与职业技能获得的个人综合职业素质的总和。它主要反映出从事职业时所具备的知识、经验、观念、心理素质、能力、内心感受等因素的组合及其变化过程。

2. 外职业生涯

外职业生涯是指职业生涯中所经历的职业角色（职位）及获取的物质财富的总和。它主要反映出从事职业时的工作单位、工作内容、工作职务、工作环境、工作地点、工作成就、社会地位、荣誉待遇等因素的组合及其变化过程。

3. 内职业生涯和外职业生涯的关系

内职业生涯和外职业生涯两者是既相区别又相联系的辩证关系。两者的区别为：一是两者获取的途径不同。内职业生涯构成的各要素虽然可以借助外界的帮助，但主要是通过自己主观努力获得的，不随外职业生涯的获得而具备，也不会因为它的失去而自动丧失。外职业生涯的构成要素通常是由别人决定、给予和认可的。二是两者的稳定性不同。内职业生涯构成的各要素一旦获得，便不会被收回或剥夺，而外职业生涯构成的各要素在一定条件下可能会失去。两者的联系是内职业生涯的发展是外职业生涯发展的前提，内职业生涯的发展带动外职业生涯的发展，它在人的职业生涯中具有关键作用；而外职业生涯是内职业生涯发展的外在条件，反过来也会促进内职业生涯的顺利发展和完善。

二、职业生涯的发展阶段

职业生涯既然是一个发展过程，就必然具有阶段性。一些著名的职业管理学专家对于职业生涯的发展过程进行了长期大量的研究，提出了不少的职业生涯发展理论，最有代表性的是美国著名职业管理学专家萨帕提出的"五分法"。萨帕经过二十多年的大量实验研究，从人的终生发展角度出发，把整个人生分为成长、探索、立业与发展、维持、衰退五个阶段，并介绍了各阶段的发展特点，如表1-1所示。

表1-1　不同职业发展阶段的特点

职业发展阶段	对工作方面的需求	对情感方面的需求
成长阶段 （1～15岁）	希望尝试不同行为方式，并开始思考自己的能力及工作要求	希望获得他人的认同并逐渐形成独立的自我概念
职业探索阶段 （15～25岁）	要求从事多种不同的工作；希望自己探索	进行试探性的职业选择，在比较中逐渐选定自己的职业
立业与发展阶段 （25～45岁）	希望从事具有挑战性的工作；希望在某一领域发展自己的专业知识和技能；希望在工作中有创造性；希望在3～5年后转向其他领域	希望面对各种竞争，敢于面对成败；能处理工作和人际关系的矛盾；希望互相支持；希望独立自主
职业维持阶段 （45～60岁）	希望更新技能；希望在培训和辅导青年员工中发展自己的技能	具有中年人较为成熟的思想感情；对工作、家庭和周围的看法有所改变；自我陶醉以及竞争性逐渐减弱
职业衰退阶段 （60岁以后）	计划好退休，从直接决策转向咨询和指导性工作；寻找自己的接班人，寻找组织外其他活动	希望把咨询看做对他人的帮助，希望能欣赏和接受组织外的其他活动

三、职业生涯形态

每个人都有独特的职业生涯形态，而这种形态的不同，对人的发展影响极大。好的职业生涯形态，使事业获得成功；不好的职业生涯形态，使事业一事无成。职业生涯的形态种类很多，常见的形态有以下七种：

第一，步步高升型。它指在一个组织内，认真经营，即使工作地点或工作内容因公司的需要而有所改变，但是工作表现仍颇受主管的肯定，因而步步高升。

第二，阅历丰富型。它指换过不少的工作，在很多家的公司工作过，工作的内容差异性很大，勇于改变与创新，而且学习能力强，能面对各种突发的状况。

第三，稳扎稳打型。它指在工作初期，处于探索阶段，工作的转换较为频繁。经过一连串的尝试与努力之后，终于进入自己所向往的工作机构。此机构的升迁与发展有限，但是非常稳定，例如，学校、行政机关、邮局、银行等。

第四，愈战愈勇型。这种形态的人说明职业发展已有明确的方向，但是因为某些原因受到打击而重挫。受挫之后，凭借自己的毅力与能力，积极地往上爬，以更成熟的个性面对挑战。最后，工作的成就远超过从前。

第五，得天独厚型。对于自己的工作职业，并没有花太多时间探索与尝试，反而因为家庭的关系，很早就确定了方向。经过刻意地栽培与巧妙的安排，进入公司的决策核心，并将组织发展与个人职业密切结合。比如说，企业家的第二代（富二代）就是最明显的例子。

第六，因故中断型。它指连续性的职业发展因为某些因素而停顿，处于静止或衰退的状态。

第七，一心多用型。职业变化，各有巧妙。工作做久了，厌烦、倦怠、缺乏新鲜感，总是难免的。再喜欢的菜吃久了都会腻，更何况是每天投入 8 小时，每周超过 40 小时的工作。所以，有份稳定的工作，同时在工作之余安排自己有兴趣的事，在稳定与创新之间，寻找平衡点，可以使生活更为丰富。

四、职业生涯规划的含义

职业生涯规划是指个体根据对自身的主观因素和客观环境的分析，确立自己的职业生涯发展目标，选择实现这一目标的职业，以及制订相应的工作、培训和学习计划，并按照一定的时间安排，采取必要的行动从而实现职业生涯目标的过程。

（一）正确理解职业生涯规划

正确理解职业生涯规划的含义，需从以下四个方面入手：

1. 职业生涯规划具有明显的个性化特征

职业生涯规划主体往往不是某个组织，而是组织中的个体，因为许多个体的职业目标在唯一组织内工作无法实现，而需要在多个组织中工作才能达成。

2. 职业生涯规划是个体有意识地确立职业生涯目标并追求目标实现的过程

职业生涯规划包括知己、知彼、抉择、目标、行动五个要素，随着内外条件的不断变化和职业活动成果的出现，职业目标可能会更加明晰，或是需要在反馈后加以修正。

3. 职业生涯规划中的职业目标同日常工作目标有很大差异

工作目标是个人在当前的工作岗位上想要完成的任务目标，可以自设，也可以由组织给定。工作目标一般是较具体的短期目标，同本职工作紧密相关。职业目标相对来说是较为抽象的长期目标，不一定完全同当前的工作有关。但是，选择适当的工作目标并很好地实现这些目标，是最终达成职业目标的最佳途径。

4. 组织应积极了解并参与和指导个体的职业生涯规划

组织是个体落实职业生涯的重要场所，它可对个体的职业生涯设计产生巨大影响，它既有责任帮助个体发展和实现个体的职业生涯规划，又有必要加以引导，使个体职业生涯的发展同组织整体发展目标相协调。

（二）科学的职业生涯规划应具备的特征

结合职业生涯规划的内涵，可以发现科学的职业生涯规划应具备以下四个特征：

1. 可行性

职业生涯规划必须依据个人及组织环境的现实情况而制定，应该是能够落实的计划方案，而不是没有依据或不着边际的幻想；否则，就会贻误职业生涯设计的良好时机。

2. 适时性

职业生涯规划是对未来的职业生涯目标的确定及对未来职业行动的预测。因此，各项活动的实施与完成时间，都应有时间和时序上的安排，以便作为检查行动的依据。

3. 灵活性

规划未来的职业生涯目标与行动，涉及许多不确定性因素，因此，设计应有弹性，随着外界环境及自身条件的变化，应及时调整自己的职业生涯规划方案，以增加其适应性。

4. 持续性

职业生涯目标是人生追求的重要目标，职业生涯规划应贯穿人生发展的每一个阶段，通过不断的调整与持续的职业活动安排，最终实现职业生涯的目标。

在一个人从出生到死亡的整个人生经历中，存在着不同的生命周期空间，包括：生物社会生命周期、家庭生命周期和职业生涯周期。在人的总生命空间中，最重要的、起决定作用的是职业生涯周期，它是人生存和发展的前提条件。而且职业生涯周期从任职前的职业教育培训，到寻求职业、就业从业、职业转换、逐步晋升，直至完全脱离职业工作，占据了人生大部分时间，因此，它对个人及其家庭都有着十分重要的意义。

人们都追求职业生涯的良性发展，这个追求是个体逐步实现其职业目标，并不断制定和实施新目标的过程。职业生涯发展过程有两种形式：一是职务的升迁，是指在同一职业甚至同一单位中，一个人职位的不断晋升；二是职业的改变，是指一个人所从事工作内容的改变。这种改变，并不一定是工作或单位的变动，也可以是在一个单位中从事不同的工作，这都属于职业生涯的良性发展。这种发展，对于一个人的成熟是很有意义的，它可以激励个体，更可以带给个体以成就感。

第二节　当代大学生职业生涯规划的现状和特征

一、大学生职业生涯规划的现状

（一）大学生职业生涯规划的类型

某社会调查机构曾就大学生职业生涯规划及就业选择现状进行了问卷调查，调查表明，大学生的职业生涯规划有以下几种类型。

1. 拖延型

这类大学生对自己的职业生涯迟迟不进行规划，有的拖延到毕业时才考虑自己的职业选择问题。

2. 依赖型

这类大学生规划自己的职业生涯时缺乏独立性，依赖父母、老师或亲戚朋友为自己做决定，有的甚至把应当自己决定的事交给所谓的"命运"来决定，要么听天由命，要么随波逐流。

3. 冲动型

这类大学生在规划职业生涯时缺乏理性的思考和认真的调查研究，完全跟着感觉走，凭心血来潮和情绪冲动草率决策。

4. 苦闷型

这类大学生在规划职业生涯时缺乏果敢性，在诸多职业资讯中难下决心做出取舍。有的大学生在双选会上没有单位接收时很苦闷，有多个单位让他选择时，不知如何取舍也很苦闷。

5. 计划型

这类大学生既了解社会的客观需求和竞争情况，也很了解自己的能力、兴趣和价值观，因此很容易制定出正确的职业生涯规划。

（二）大学生职业规划中常见的问题

通过调查发现，部分大学生在职业生涯规划中存在"四不"问题。

1. 方向不明

大学生在中学的时候，目标十分明确，就是考大学，但上了大学之后，有相当一部分学生处于"理想的真空期"，找不到自己努力的方向，奋斗目标缺失。其原因有：一是不能正确认识自己，容易产生自傲、自卑、保守和攀比心理。要么过高估计自己，盲目乐观；要么过低估计自己，尤其是在激烈竞争中受挫后垂头丧气，产生自卑心理。二是不能正确认识社会，不了解职场发展动态，不知道社会的需求，对自己能做什么，社会允许自己做什么不清楚，因此，前进的方向迷失或目标模糊。

2. 意识不强

有相当一部分大学生对职业生涯规划的重要性和必要性认识不足，认为规划职业生涯没有多大必要，规划跟不上变化，规划意识淡漠，抱着"车到山前必有路、船到桥头自然直"的信念，不愿意积极主动地思考自己的职业生涯的发展。调查显示：大部分学生没进行过真正意义上的职业生涯规划。对自己将来如何进一步发展没有设计的占62.3%，有设计的占32.8%，其中有明确设计的仅占4.9%。由此可见，大学生规划职业生涯还处于"要我做，而不是我要做"的状态。

3. 准备不足

面对严峻的就业形势和激烈的职场竞争，部分大学生没有充分的心理准备、知识准备、技能准备，不能充分利用大学的学习条件开发自己的潜能，提高自己的职业素质，去适应未来工作的需要。有的大学生停留在中学的思维和学习模式，重知识、轻能力，重智商、轻情商和德商，缺乏全面适应社会的准备。

4. 实施不力

有的同学做了职业生涯规划，确定了职业目标，制定了行动方案，但停留在纸上谈兵，未落实在行动上。尤其是在实施过程中遇到困难，就知难而退。比如，有的同学计划英语要在大二时期过四级或六级，但考试受挫，就不愿继续努力，有的干脆放弃。

二、大学生职业生涯规划的特点

大学生的职业生涯规划与在职人员比较，有其自身的特点。其特点主要体现在规划的重点不同，但其理论依据完全相同，方法步骤也可借鉴。大学生职业生涯规划的重点有四个部分。

第一，职业测评。对能力素质、兴趣、性格、气质及价值观等进行测量与评估，分析你的特点，再结合工作的特点，帮助你进行职业选择，也就是通常意义上所说的"人职匹配"。"测评"一词包括了两层含义，即"测"和"评"。"测"是指测量、测试，是以定量化的方式对人的能力水平及倾向、个性特点和行为特征等进行分析和表示。"评"是指评价、评定，是以定性化的方式对人的能力水平及倾向、个性特点和行为特征等进行评价和判定。因此"测评"这一概念将定量的方法与定性的方法紧密地结合在一起，形成一套客观、科学、系统的方法。

第二，评估所学专业，明确自己的职业定向。专业是学业门类，职业是工作门类，专业与职业一般并不存在一一对应关系。比如，学冶金工程专业可以到钢铁厂从事冶金技术工作，也可以到金属材料公司从事经营工作，还可以在钢铁企业从事技术管理、到学校从事专业教学、到科研单位从事冶金研究。从总体上看专业与职业大体存在五种关系，即专业包容职业、专业与职业部分重合、专业是核心，职业包容专业、专业与职业相切、专业与职业分离。对这五种关系如何认识和处理如表1-2所示。

表1-2 专业与职业的五种关系

特征及图形	基本解释	专业技能的重要性	特 点	建 议
专业包容职业	在专业领域内发展职业，一生的职业基本限制在专业领域内	本专业的技能在职业发展中重要性占80%	自己选择的职业与专业高度一致	精学专业
专业与职业部分重合	以专业为基础发展职业，一生的职业发展是在专业基础上有重点地沿着某些方向拓展	本专业的职业技能在职业发展中重要性占40%	个人选择的职业与所修专业部分一致，在重点掌握某些专业技能的同时，注重其他专业技能的学习	学好专业，精修其他喜欢的专业

续表

特征及图形	基本解释	专业技能的重要性	特　点	建　议
职业包容专业	一生的职业发展以专业为核心，有较大扩展	本专业的职业技能在职业发展中的重要性≥60%	个人选择的职业与所修专业较一致，但职业发展明显超越专业领域	学好专业，选择与职业发展一致的课程
专业与职业相切	一生的职业发展与专业基本无关或在专业边缘发展职业	本专业的职业技能在职业发展中的重要性为10%～20%	个人选择的职业与所修专业基本不一致	保证专业合格，辅修其他适合的专业，如有可能可调整专业
专业与职业分离	一生的职业发展与专业完全无关	本专业的职业技能在职业发展中的重要性<10%	个人选择的职业与所修专业很不符合	尽量调整专业，若不能则辅修其他专业

第三，做好就业准备，为实现职业目标创造条件。根据人职匹配理论确立职业目标后，就要围绕适合自己的目标进行就业准备，开发自己的职业素质和职业能力，积累就业信息，编织人际网络。

第四，锁定目标单位，实现自己的就业目标。

三、大学生规划职业生涯的必要性

（一）个性特征的多样性需要大学生精心规划职业生涯

大学生的个性特征多种多样，世界上没有完全相同的人，每个大学生都具有独特性，这种独特性主要表现在以下几个方面。

1. 职业价值观不同

具有不同职业价值观的人有不同的追求，有的追求金钱，有的追求权力和地位，有的追求稳定轻松舒适的生活，有的追求利他，有的追求利己。价值观对一个人的职业目标和择业动机有决定性的作用。如果价值观与职业相吻合，就会觉得开心快乐；如果价值观与职业背离，就会感到无奈和痛苦。不同价值观和动机决定大学生有必要规划不同的职业生涯。

2. 职业兴趣不同

大学生的兴趣也是多种多样的，有的喜欢领导别人，而不乐意被人使唤；有的喜欢形象思维的工作，而不喜欢逻辑思维的工作；有的喜欢与人打交道的工作，而不喜欢与物打交道的工作；有的喜欢干挑战性强的工作，而不乐意干那些按部就班的事务性工作。兴趣各异决定大学生有必要规划不同的职业生涯。

3. 性格不同

大学生的性格有外向型的，也有内向型的，还有介于两者之间的性格。不同性格有不同的职业选择，外向型的性格适合做与人打交道的工作，内向型性格适合做技术工作和研究工作等。不同的性格决定大学生有必要规划不同的职业生涯。

（二）职业选择的多样性需要大学生精心规划职业生涯

职场是一个多元化的世界，条件各异，要求不同。职业选择的多样性主要体现在以下几方面。

1. 职业的地域选择具有多样性

我们既可以选择在国外就业，也可以选择在国内就业，在国内既可以选择经济发达的东部，也可以选择到西部去建功立业。

2. 单位性质的选择具有多样性

我们既可以选择在国有企业就业，也可以选择外企、国内私企、中外合资的股份制企业就业，还可以选择自主创业，自己办公司。在不同所有制的单位就业，其自主性是不同的，如果选择自己办公司，自主性最大，从策划到工作方式几乎完全由自己决定。如果选择制度都很完备的国企和外企，各项工作决策往往不是自己决定，自主性较小。

3. 行业性质的选择具有多样性

有的行业属于朝阳产业，有的属于夕阳产业。发展的前景不同，就业机会和待遇也会不同。我们一般都会选择发展机遇多、待遇好的行业和单位。

4. 职业自由度的选择具有多样性

各种职业的自由度是不同的，有的工作必须在规定的时间和地点坚守岗位，如门卫、医院和高速公路收费员的工作自由度就很小；有的工作就没有固定的地点和时间，如记者、推销员的工作自由度较大。

不同人适合不同的工作环境，选择适合自己的工作环境，工作起来就比较舒心，工作效率高很多。如果在不适合自己的环境工作，心情不舒畅，很压抑，工作就很难做好。所以，职业选择的多样性需要大学生精心规划职业生涯。

四、大学生规划职业生涯的重要性

（一）规划职业生涯有利于大学生更好地明确自己的人生奋斗目标

成功地设计职业生涯必须知己之长短、知环境之利弊。因此，规划职业生涯的过程就是一个不断认识自我、认识环境、扬长避短的过程。这个过程有利于设计者对自己优势和劣势进行深入的调查和细致的分析研究，从而客观、准确地了解自己的实力；同时，也有利于自己对职业世界的现状与发展趋势有一个清醒的认识。职业生涯规划的目的绝不只是协助个人达到或实现个人目标，更重要的是帮助个人真正了解自己，并且进一步详细评估内外环境的优劣，在"衡外情，量己力"的情形下，设计出合理且可行的职业生涯发展规划，选择合适的职业和职务。

职业决定了一个人的未来，大学生精心规划自己的职业生涯对于明确自己人生近期、中期和长期的奋斗目标具有十分重要的意义。追求目标是成功的保证，正如英国塞缪尔·斯迈尔斯所说："在每一种的追求中，作为成功之保证的与其说是卓越的才能，不如说是追求目标。如果一个人下定决心去做某件事情，他就会凭借这种决心的力量，跨越前进中的层层障碍；他不会动摇成功的信念，他能够坚强地在困境中站起，肩负起自己的责任，接受生命的挑战，朝着目标走去，最终能获得美满且幸福的人生。"（转引自康敏编译《目标的魔力》）然而，相当多的大学新生处于目标的缺失期，高中期间他们的目标十分明确，就是考大学，而上了大学的目标是什么？许多大学新生却十分迷惘，不知道该确立什么目标，为此十分苦恼。学生中学时期缺乏职业指导，许多学生报考专业带有很大的盲目性，他们不懂得运用人职匹配理论来选择专业，往往是家长根据职场的需求状况和职业的冷热度来填报志愿。指导大学生进行职业生涯规划，有利于他们扬起理想的风帆，确立起自己的学业目标、职业目标和创业目标。大学生如果不规划最适合于自己成长与发展的职业生涯，无明确的奋斗目标，必然不利于学业和事业的成功。

（二）规划职业生涯有利于大学生有的放矢地开发职业生涯，尽快实现人生目标

科学的、切实可行的职业生涯规划是职业生涯成功开发的前提条件。在职业生涯规划下进行职业生涯的开发，方向性强、有效性高，对职业目标的顺利实现具有积极意义。美国的M·K·巴达维在《开发科技人员的管理才能》一书中根据调查指出：在65岁以下的从业工程师中，从事管理工作的人数就占68%。在对工程技术人员进行职业目标的咨询中，大约有80%的人规划在5年内成为一名主管人员或经理。他们为实现个人职业生涯的规划目标，就会根据职业目标的要求进行职业生涯的开发。如果同学们的职业目标是成为教授级工程师，立志在专业技术领域内功成名就，他们就会努力构建T字形知识结构，"T"字形结构，"－"表示知识面的宽度，"1"表示对专业掌握的深度，两者结合，博专相济，相得益彰。该模式注重基础知识的扎实和专业知识的精深，具有巨大的科研潜力。构建T字形知识结构既注意知识面的拓展，又注重专业知识深度的挖掘，还要关注本专业前沿发展动态，注重专业理论的学习和动手能力、创新能力的培养。如果同学们立志成为杰出的管理者和经营者，就必须构建网络型知识结构，即侧重于专业知识的核心地位和相关知识的联系，在学好本专业的同时，选修管理或经营方面的课程或者辅修管理或经营方面的专业，同时还要参加一定的社会工作和营销工作，积累管理和营销经验。如果同学们立志从事教学科研工作，在学业上应该立志取得硕士或博士学位，只有这样你才能跨入教学科研的行业。总之，精心规划职业生涯，能增强学习工作的目的性，减少盲目性，避免走弯路，从而提高实现人生目标的速度。

案例导读

走好每一步，这就是你的人生

——职业生涯规划个人案例分析

个人信息：曹任，女，22岁，学历本科

基本情况：上海某财经类大学毕业，国际会计系

同学评价：刻苦，有上进心，性格坚强，学习能力强

个人职业目标：高级财务经理

面临问题：收到英国某大学的 offer，学行政管理专业；同时收到四大会计师事务所之一的普华永道的 offer，作审计师，小曹必须做出选择：先留学或先就业？

职业设计意见：先就业，去普华作审计师，然后再选择合适的机会出国深造。

设计理由：小曹原本希望出国进修工商管理类课程，但国外大学对申请工商管理类专业的学生都有工作经验要求，所以最后只收到了行政管理专业的 offer。小曹学会计，喜欢商务，对行政组织兴趣不大，若为能一时出国而放弃原有兴趣并不明智。

专家认为：先工作或先出国其目的都应该是为了将来有更好的职业发展前景，违背个人兴趣和职业理想而求得一时出国，为出国而出国，从个人职业发展看并不可取。

从职业发展考虑，普华永道位列国际四大会计师事务所之一，有完善的培训计划、良好的工作氛围、规范的工作机制，对职业技能发展大有好处，出国学习行政管理硕士一年课程所获专业资历和在普华工作一年的经历技能积累相比，前者在职业市场上的价值未必比后者高。

普华永道是专业的国际性会计师事务所，审计工作与小曹大学所学专业基本对口，且小曹性格特点勤奋刻苦，事业心强，意志坚定，加上名牌大学毕业生的综合素质，保证了小曹在工作中必会有所表现。

从小曹职业目标定位于高级财务经理一点看，小曹具备会计专业学历资质和专业技能，但缺乏作为高级财务经理所必须具备的专业管理知识，小曹希望学工商管理类课程的想法是正确的，为一时出国而放弃原本计划并不合乎长远的职业发展。国外工商管理类硕士课程要求申请者具备一定工作经历，小曹先工作后出国，正合乎要求。且高级财务经理必须具备的另一要素就是丰富的专业工作经历，所以，先工作，积累工作经历，也是在为职业理想作铺垫。

专家评点：小曹在先就业与先出国之间面临选择，无论是先就业，还是先出国，最终的目的都应该是更好的职业发展前景，到底是先出国更有利于将来职场发展，还是先就业更有利于职业发展，应该是每一个面临类似情况的毕业生都应该仔细考虑的问题。

案例总结：作为刚刚毕业的大学生，选择合适的职业发展方向尤为重要，人生精力有限，必须选准方向，强化发展。职业方向的确定必须结合个人特长、兴趣所在并综合考察行业前景来确定。在这一点上，大学生有疑问时，可以求助学校的就业指导老师或者专业的职业顾问。

应届毕业生，表面上看是就业的问题，而实际上是择业的问题，择业就是要做选择，选择适合自己的职业发展方向，集中目标，强化发展，通过若干年的工作，实现从无工作经历者到行业人才的提升。同理，应届毕业生选择出国深造，也要以职业发展为指标，选择合适的深造途径，在学历资质上提高自己的含金量，为"职场前途"做好准备！

实训项目：大学生活与职业规划

一、实训概述

【目的及要求】

大学生从踏入大学校门那时起就进入了人生的一个新阶段，如何对自己的未来做一个科学的计划，又如何去实施这个计划？这正是我们需要帮助新入校的大学生去完成的工作。

二、实训内容

【项目背景】

通过本章的学习及训练，使学生掌握职业生涯规划的基本概念，明白职业生涯规划对人生发展的重要作用，为今后学习本书其他章节打下坚实基础。

【训练步骤】

阅读以下材料，回答后面的问题。

从茫然无措到明确规划

成都理工大学信息管理学院人力资源管理专业大二学生文隆燕既是获得规划大赛的优胜奖，又是职业生涯规划中进步最快的一名学生。

文隆燕在参加规划大赛的时候提交的职业生涯规划书的突出之处是他对自己专业有一定的思考，但不足的是对自己的了解不深入，因此没有明确、清晰地提出自己未来长期和短期的规划，规划书写得较为粗糙。但考虑作为大二学生，毕竟是首次撰写规划书，能够对自己、对自己的专业进行深入的思考尚属不易，于是，他被允许入围规划大赛第二阶段——职业测评。经过职业测评，他全面了解了自己的职业类型和性格特征，对自己有了一个全新的认识。通过对自己的认识，他不断完善自己的作品，提交了复赛规划书。此规划书在测评书的基础上对自己进行了深入的剖析，并对大学四年的学习生活进行了细致的规划，较初赛时的职业规划书有了较大的进步。不仅如此，在大赛第三阶段的拓展训练中，他充分表现出了团队合作精神和沟通能力。但在结构化面试和无领导小组讨论中，由于比较紧张，所以表现欠佳，他失去了参加决赛的机会。

下来之后，他向我们表示："我发现自己不清楚自己的职业发展方向。虽然没有进入决赛，但参加这次大赛收获还真不少——从盲目学习到对自己进行全面了解，确定自己的人生目标，为未来作了明确的规划。"

（1）成都理工大学文隆燕同学规划职业生涯的实践对你有何启示？

（2）谈谈你对职业生涯的理解？

（3）大学生为什么要制订自己的职业生涯规划？

第二章

自我认知

驴子的悲剧

一位诚恳踏实的农夫是驴子和狗的主人。驴子每天日出而作、日落而息，工作非常卖力而且辛苦，却常常觉得不讨主人欢心。因为驴子做得好是应该的，做不好就得卷铺盖滚开，这让驴子害怕又无奈，所以自怨自艾。

狗的运气比驴子好太多，白天吃饭、睡觉，把精神养得极好，当夕阳西下主人拖着疲累的身心回到家，摇头摆尾的狗儿就跟前跟后，陪在主人身旁逗乐。这时候，农舍外面的驴子早已因为白天工作得太累而无精打采，呼噜呼噜地睡着了。长此以往，狗儿深得主人宠爱，驴子却日渐被冷落，主人甚至不经意地自言自语说："养了一只懒驴，七早八早就困倦打盹！"

伤心的驴子满腹委屈，迫不得已向狗儿请教取悦主人的办法。当红得势的狗儿有狗仗人势的骄傲，却也不吝赐教，它指导驴子说："这很简单啊，你只要学我在白天时好好养精蓄锐，待主人回家休息后，谄媚一点，投怀送抱，主人就会对你另眼相看了！"

驴子感激涕零地对狗的指示言听计从。翌日白天呼呼大睡，等到月出东山时，羞涩地走向农舍厅前，终于鼓足勇气学狗一般朝向主人的胸怀扑去。主人见状，大吃一惊，心里紧张地想："这头懒驴，今晚八成是疯了，白天不干活也就罢了，竟敢趁夜来袭击我！"于是冲进房里取出猎枪，扣下扳机，子弹冲膛而出，可怜的傻驴子就这么被一枪毙命，呜呼哀哉！

这是一则令人心酸难过的寓言，不只是因为它的结局悲惨，还有那个出乎意外的答案。每个人在职场中扮演不同的角色和职能。在职业规划中，我们需要认识自己的能力和职业价值，而不是去盲目地效仿别人，即使别人的职位令人艳美，但是我们要看清自己的角色，让自己的职能发挥到最大化，踏实勤奋做事的人，终究会得到领导的尊重和认可。

第一节　职业规划背景下的自我认知

一、自我职业倾向探索的意义

自我认知分析，实际上就是"知己"和自我认识的过程，它是职业生涯规划的基础，只有对自己有了充分的认识和了解，职业规划中的"定向""定位""定点"才能比较准确。

"人贵有自知之明"，心理学的研究以及日常工作、生活的经验提示我们，准确地认识自己并不是一件简单的事情。在很多情况下，我们每个人对自己的认识常常是模棱两可、含混不清，有时甚至是完全错误的。我们不知道自己希望从工作中获得什么，不知道自己真正适合做什么。有些人在进行职业决策时，常常为了取悦他人——父母、老师、配偶或老板，让别人来判断自己适合什么。有些人追逐社会上的热门职业，被所谓的"流行""时尚""声望"牵着鼻子走。这些人不是根据自己的能力、兴趣来选择自己的工作或职业。如果职业目标不能满足我们的需要或与价值观不一致；如果我们对工作不感兴趣或不具备这项工作所要求的才能，那么所达成的职业目标对我们的意义就大打折扣。此外，还有许多人处在一种无意识的职业生涯状态，不愿意承担职业生涯管理的个人职责，让客观情况左右自己的行动和选择，他们常常把职业生涯管理当做危机管理，即使有信号提示他们应该做出改变时，他们仍然待在原来的位置上，一直等到必须做改变时刻的到来。人们不会从过去的经历中学习，重复同样的错误，这些都和不认识自己、不了解自己有关。

解决这些问题可从两方面入手：首先，人们必须认清自己的价值观、兴趣、才能以及自己所偏爱的生活方式。其次，必须意识到个人所从事的职业与个人的个性特征相协调的重要性。这都要求我们从认识自我开始，进行有意识的职业生涯管理。

我们不妨常常问自己下列一些问题：

（1）你现在是否是待在你想待的地方，如果不是，你知道自己想要的是什么吗？

（2）你知道怎样才能得到自己想要的东西吗？中间需要经过哪些步骤？

（3）与你的职业生涯相关的真正重要因素是什么？

（4）你曾有过的最大的成功是什么？

（5）在职业生涯中你愿意在哪些方面与众不同？为什么？怎样才能做到？

（6）哪些因素影响着你原来的职业决策？哪些人？哪些机会？

（7）你是否曾经注意包装你的技能，或者你是否对自己的兴趣、价值观、个人偏好进行过评估？如果是，你是怎样确定这些因素的？

如果你能回答这些问题，你可能是采取了一种有意识的方式来管理自己的职业生涯。否则，你就应该进一步加强自我认知和探索，认真规划你的职业生涯。

还应该清楚的是，自我认知需要持续进行，这种自我探索还会伴随着个人实践的发展而不断进行并且完善。从某种意义上来说，它和职业生涯管理一样是一个长达一生的过程。例如，某毕业生原来在大学阶段是一个成绩优异的好学生，踌躇满志地找到某个工作单位后，由于该单位人际关系复杂，自己的才能总是得不到上级的认可和赏识，通过对从前建立的自我的怀疑、修订，他可能对自我又有了更全面的认知：以前的我，只是会学习的优秀学生，在处理人际关系方面还有许多欠缺，离一个优秀的员工还有距离。

二、自我认知常用的方法

（一）360°主观评价法

360°主观评价法又称为多渠道评估法，是指通过收集与受评者有密切关系的、来自不同层面人员的评估信息，来全方位地评估受评者。通过评估反馈，可以获得来自多层面人员对受评者素质、能力等方面的评估意见，比较全面、客观地了解有关受评者个人特质、优缺点等信息，作为受评者进行职业生涯规划及能力发展的参考。例如，通过家人、亲戚、朋友、老师和同学等周围的人对受评者本人进行客观的分析，来达到自我认知。

（二）职业心理测评法

所谓职业心理测评法，是指运用现代心理学、测量学、管理学、社会学、统计学、行为科学及计算机技术于一体的综合技术来进行测评。职业心理测评法通过人机测评、结构化面试、情景模拟、评价中心等技术，对人才的知识水平、能力及其倾向、工作技能、内在动机、个性特征和发展潜能进行测量，并根据工作岗位要求及组织特性进行评价，从而实现对人才进行全面、准确、深入的了解，将最合适的人才用到最合适的工作岗位（人岗匹配），以实现最佳工作绩效。

需要注意的是，人是极为复杂的，某一个维度的单项测评并不能全面反映一个人的特质。为了解决这一问题，可以借助测试工具比较详细、客观地对自己的职业兴趣、职业能力、职业价值观和行为风格进行测评和描述，根据测评结果提出针对性的建议。

（三）橱窗分析法

橱窗分析法是一种借助直角坐标不同象限来表示人的不同部分的分析方法，它以其他人知道或不知道为横坐标，以自己知道或不知道为纵坐标，把对个人的了解比作一个橱窗，由4个"我"组成："公开我""隐藏我""潜在我"和"脊背我"。

橱窗1："公开我"。即自己知道、其他人也知道的部分，其特点是展现在外、无所隐藏。例如，身高、年龄、学历、婚姻状况等。

橱窗2："隐藏我"。即自己知道、其他人不知道的部分，其特点是属于个人私有秘密，不外显。例如，自私、嫉妒等平常自己不愿袒露的缺点，以及心中的愿望、雄心、优点等不敢告诉其他人的部分。可以采取撰写自传或日记的方式来了解自我，了解自身成长的大致经历和自我计划情况等。

橱窗3："潜在我"。即自己不知道、其他人也不知道的部分，其特点是开发潜力巨大，但通常其他人和自己都不容易发觉。可以通过人才测评来发现自己平时注意不到的潜力，也可以在学习和生活过程中，多做尝试来发现自己的潜力。

橱窗4："背脊我"。即自己不知道、其他人知道的部分，其特点是自己看不到，其他人却看得清清楚楚。可以采取同自己的家人、朋友等交流的方式，也可以借助录音、录像设备。要做到尽量开诚布公，对其他人提出的意见有则改之、无则加勉。如果一个人诚恳地征询他人的意见和看法，就不难了解"背脊我"。要做到这一点，需要有开阔的胸怀，确实能够正确对待他人的意见，否则，其他人是不会说实话的。

通过4个橱窗可知，需加强了解的是橱窗3和橱窗4。橱窗3是"潜在我"。著名心理学家赫伯特·奥托指出，一个人一生所发挥出来的能力，只占他全部能力的4%，也就是说一个人96%的能力还未开发。赫赫有名的控制论奠基人诺伯特·纳说："可以完全有把握地说，一个人即使做出了辉煌的成就，在他的一生中利用自己的大脑潜能也不到百亿分之一。"由此可见，认识、了解"潜在我"，是自我认识的重点之一，把个人潜能开发出来，也是职场新人的头等大事。

（四）其他的一些自我认知的方法

（1）现实情景检验法：即在现实情景的释放中去认识自己。因为在没有任何矫饰和防御的情况下，人们对人、对事和对周围环境的态度是最自然、最真实的，所以这种认知也更真实可信。利用这种理论，有些公司在招聘员工的时候常设计现实的场景。如在等候大厅随意地放倒几个拖把，丢弃一些垃圾，甚至有的时候会有突然奔跑的孩子摔倒。于是，就会看到在等待面试的人中各种自然而然的表现：有的人会不断地装饰自己的衣着；有的人在仔细地阅读关于公司的背景资料，有的人会很自然地扶正放倒的拖把、捡起垃圾、扶起摔倒的孩子……最后的结果是扶正拖把、捡起垃圾、扶起孩子的人会被录用。

（2）从过去的成长经历中去认识自己。一个人人格的发展，和其生命中一些重要的人和事息息相关，这些人和事不仅可以造成一个人的心理情绪失调和病态心理，也可以推动一个人的正常心理功能、领导力和天才发展。有一位心理学家形象地说："你现在的人际关系是你过去人际影响的全部总和的再现。"从这个角度去认识自己，也不乏是一个很好的方法。

（3）适当地利用心理投射测验。这种测验方式可以反映更多潜意识层面的信息。但对于结果的解释更依赖解释者的专业素养，因此要慎重科学地使用。投射测验应该很严肃地去选择、应用和解释。最好选用中国心理测量委员会正式出版和声明有效的心理测验。同时，慎重对待测试结果。心理测验的解释非常重要，解释不当会给人带来负面的暗示。

（4）通过镜像自我来了解自己。著名的心理学家库里提出他人的存在就像是自己的镜子。可以通过他人对自己的态度和行为方式来了解自己、判断自己，给出一个客观和公正的定位。每个人在社会生活中都会有人告诉自己真实的声音，这些声音在自己的成长过程中是宝贵的。如果有 10 个朋友，他们就像是自己的 10 面镜子，从不同的方向照射自己，促进自我完善。不要怕"刺眼"，勇敢地正视镜中的自己。

（5）通过内省的方法来了解自己。人们能够与自己的内心真实地接触，和自己进行一次对话，来反思和认识自己也是一个很好的方法。《论语》中孔子说要"吾一日三省吾身"。人在内心深处整理自己的时候，会发现自己以前不曾发现的领域，甚至有的时候会产生顿悟，为自己的心灵打开一扇窗，令自己主动地选择积极的、建设性的改变。

以上方法各有优劣，并不相互排斥，在自我职业生涯管理过程中我们可以把各种方法结合起来使用。

三、自我职业倾向探索的内容

（一）职业价值观——你想得到什么

价值观是人们对客观事物（包括人、物、事）在满足主观需要方面的有用性、重要性、有效性的总评价和总看法。它反映了人们对奖励、报酬、晋升、发展或职业中其他方面的不同偏好，体现了一个人最想从工作中获得什么，在工作中最看重什么。价值观常常是欲望、动机、需要的混合体。每个人都可能有一套独特的对个人来说很重要的职业价值观，但有时自己意识不到。

职业价值观是职业选择的核心心理因素，对职业选择和职业动机具有导向作用，对职业认识、职业选择和职业生涯发展具有重要的影响。大学生的职业价值观是大学生这一特殊社会群体对待职业的一种信念和态度，对他们今后的职业生活起着关键性的指导作用，不仅决定了他们的择业行为，而且对于他们的工作态度、工作积极性，乃至对社会的稳定和发展都有重要的影响。

（二）职业兴趣——你最喜欢干什么

兴趣是最好的老师，在职业选择上，应当考虑自己的兴趣或志向所在。

兴趣是指一个人是否喜欢从事某项具体活动，因此，兴趣是一个人喜欢做什么的表现。兴趣源于价值观、家庭生活、社会阶层、文化及物理环境等因素。

一个人对某职业或专业的兴趣如何，在选择职业或专业时是首要的。对工作有兴趣会促使一个人集中精力获得职业所需的专业知识和技术才能，更大地调动主观能动性，促进工作能力的发挥，激发人的思维，提高人的工作效率，更好地完成本职工作。有了兴趣作为指引，即使在工作过程中遇到挫折和失败，也能够持之以恒，以自己的能力去克服困难，最终实现事业上的进步。而如果一个人从事了一种他很不喜欢的工作，他就不可能积极主动地去做，甚至有时还不自觉地表现出被动、消极、拖拉的工作态度，因而常常得不到领导和同事的赞扬，甚至会与他们在工作上产生矛盾，进而加剧对工作的厌烦和抑郁不快的心情，使整个生活失去绚丽的色彩。

职业爱好和身体特质是职业成功的前提，实际上，它更是你实现理想的途径，是使一个人快乐幸福的隐形伴侣。因此，我们选择职业的首要出发点应该是考虑自己的兴趣。即使天赋和兴趣发生冲突时，建议你依然是选择自己感兴趣的行业。兴趣对人生事业的发展至关重要，所以兴趣自然是职业选择应考虑的重要因素之一。

（三）职业性格——你适合干什么

性格是一种个人现实的、稳定的态度和习惯化了的行为方式，是人在社会活动中通过与环境相互作用而逐步形成的。性格一旦形成就具有一定的稳定性。

性格对一个人的成功有着很大的影响。一个人从事的职业与他的个性相适应，工作起来就会得心应手，心情舒畅，容易取得成功。相反，如果职业与性格不相适应，性格就会阻碍工作的顺利开展。

人的性格千差万别，或热情外向，或羞怯内向，或沉着冷静，或火爆急躁。职业心理学的研究表明，不同的职业有不同的性格要求。虽然每个人的性格都不能百分之百地适合某项职业，但可以根据自己的职业倾向来培养、发展相应的职业性格。不同的性格特征，对企业而言，决定了每个员工的工作岗位和工作业绩；对个人而言，决定着自己的事业能否成功。

绝大部分职业都同时与几种性格类型特点相吻合，而一个人也都同时具有几种职业性格类型的特点。在实际的吻合过程中，应根据个人的性格与职业的要求，具体情况具体处理，不能一概而论。

（四）职业能力——你能干什么

个体能力是职业生涯管理中的一个重要组成部分，它反映了一个人能做什么或通过适当培训后能做什么。能力意味着一个人在工作中表现出来的技能、经验和知识。它能够使一个人的工作显得出色，因此我们在进行职业生涯决策时，考虑清楚自身的能力是非常关键的，这样才有可能为自己在职场上获得主动权，进而取得职业生涯的成功。但是不幸的是，很多人在择业时并没有选择那些能够最大限度地发挥自己能力优势的职业，甚至经常去选择自己不能胜任或不能发挥已有优势的职业或工作，使自己在今后的发展中处于被动地位。

综上所述，价值观、兴趣、性格和能力对一个人的职业决策都有影响，它们在某些方面是互相关联的，虽然我们为了理解方便把它们分开来分析，但对分析的结果必须视为一个整体，这样才有助于我们更好地把握自己。

第二节　自我的职业价值观探索

一、价值观概述

价值观是人对周围事物的一种评价或态度，是人们在一定环境中的动机、目的需要和情感意志的综合体现。社会中存在个人价值与社会价值两种范畴：个人价值是指作为价值客体的社会对于作为价值主体的个人所具有的价值；社会价值是指作为价值客体的个人对作为价值主体的社会所具有的价值。

价值观是支撑人类生活的精神支柱，它决定着人类行为的取向，决定着人们以什么样的心态和意旨去评价客观世界、对待生活，因而它对于人类的生活具有根本性的引导意义。

二、价值观的探索

价值观的探索依据人们的认知能力。人们必须在不屈服于任何外界压力的条件下做出自由的选择。然而，与以往相比，今天我们所面临的诱惑和信息要多得多，因此要形成清晰的个人价值体系可能要更难一些。个人需要通过大量的思考和自我反省才能明确地了解对自己而言重要的价值。在辨别和明确自己价值观的过程中会经常遇到困难，学会理解自己的价值体系可能是一个需要花费一生时间的过程。

在一个人的职业生涯选择中，其价值观是很重要的决定因素。价值观的探索强调的不是价值观本身，而是获得价值观的过程，所以必须注意价值观的探索和确定。

一般而言，价值观的探索要经过下述七个步骤。

（1）自由选择。一个人的价值观必须让个人自由选择，经过自由选择而确立的价值观才能真正起到引导个人行为的作用。

（2）从各种不同可能的选择中进行选择。具体做法是：

①辨别与问题有关的价值观。

②辨别其他可能有关的价值观。

③整理上述每一种价值观及其可能对选择产生的后果。

（3）对每种可能选择的后果进行了深思熟虑后做出选择。对各种途径产生的后果三思后进行选择。个人感情冲动或大脑欠冷静时，贸然选择的价值观不能代表他真正的价值观。只有对各种不同途径的后果经过认真考虑和衡量比较后做出的选择才是有意义的选择，才能具有真正的价值观。

（4）重视和珍惜所做出的选择。一般来说，我们对自己认为有价值的东西都会重视和珍惜，会以它为荣。只有为我们所重视和珍惜的价值观，才有可能成为我们真正价值观的一部分。

（5）愿意公开自己的选择。如果我们的选择是在自由的环境中经过自己的认真思考做出的，而且我们非常重视和珍惜它，那么，当有人问起时，我们会很自然地对外公开宣布。

（6）根据自己的选择采取行动。一个人的价值观能左右他的生活，能对他的日常行为产生举足轻重的影响。一个人如果认为某种东西有价值，就会非常乐意地为之付出自己的时间、精力、金钱乃至生命，去尝试、去实践、去完成或拥有它，百折不挠、锲而不舍。

（7）以某种生活方式，不断重复坚持自己的价值观，重复根据自己的选择所采取的行动。如果一个人的某种观念、态度或兴趣已经上升为他的价值观，那么，他就会在各种不同的时间和场合一而再、再而三地表现在行为上。价值观将长久地支配着人们的行动。

三、价值观与职业定位

（一）价值观在职业定位中的地位和作用

在长期对大学生进行职业选择指导的实践中，我们逐渐认识到，大学生的职业定位倾向受其就业动机支配，而就业动机是大学生价值观的重要组成部分。与以往大学生比较而言，就业动机鲜明地体现了当代大学生在人生价值观上发生的变化。

大学生的择业倾向受就业意识支配，它是大学生价值观的重要组成部分。而就业意识的核心是就业动机，大学生的择业态度和行为总是从一定的动机出发并指向一定的目标。一个人在上大学之前，由于就业目标主要受社会宣传和社会舆论的影响，其就业动机表现出明显的受暗示性和不稳定性。而即将毕业的大学生其就业意识已趋于成熟，就业动机已比较明确，他们对自己未来从事的职业已能做出评价和选择。

具体来讲，大学生的就业动机可以归纳为三种类型。这三种类型的就业动机分别影响着大学生的职业定位。

1. 谋生型

在当今的社会经济体制下，劳动依然是人们的谋生手段，通过从事某种职业而获得维持生活的经济收入，这是最普通的就业动机。这种就业动机使学生树立了自食其力的观念。在这种就业动机支配下，学生择业考虑的第一因素就是经济收入水平和福利的高低。

2. 创业型

大学生希望获得事业的成功，在创业中展示才华，取得成就。在这种就业支配下，大学生择业考虑的第一因素是职业是否具备充分展示自己才华的各种条件。

3. 贡献型

一部分大学生的职业理想是做一个对社会、对人类有贡献的人。在这种就业动机支配下，大学生择业考虑的第一因素是社会的需要，当社会需要与个人利益发生冲突时，他们会把社会的需要放在第一位。

（二）当代大学生职业定位特点及影响因素

1. 择业标准向实现自我价值转化

随着大学生就业不包分配，"铁饭碗"逐步取消，人才流动在国家相关政策的鼓励下成为现实，大学生择业不再是从一而终，而是谋求职业流动，通过多样选择寻找到最能发挥自己才能的岗位。

2. 职业评价向注重经济利益转移

经济利益是大学生择业时所关注的重要方面。随着社会主义市场经济体制的建立，大学生的经济意识不断增强，期盼通过合理的就业劳动获得尽可能多的经济收入。一方面，大学生把经济收入的多少看做是衡量个人价值的一个重要方面；另一方面，大学生就业后将面临恋爱、结婚、家庭生活、养育后代及从事一定范围的社会交往活动等人生必不可少的内容，这些都需要较强的经济实力，而获得经济收入的主要渠道是工资收入。与此同时，由于大学生本身缺乏对社会职业报酬的实际体会，所以他们在求职过程中不能根据社会行情对自身价值进行评估并提出合理要求。

3. 以市场选择为根本取向

高等院校大学生的就业心态在竞争和压力下逐步走向成熟，职业价值观也随之有了较大的变化。严峻的就业形势迫使更多的毕业生在选择职业时更加注重市场要求以及自己的实际。

4. 追求技术性、专业性强的职业岗位

很多毕业生愿意到技术性、专业性强的单位去工作。他们认为，在这种岗位上工作能够学有所用、发挥专长，能够充分发挥个人的创造才能，缩短适应职业的时间，且易受人尊重，能获得精神上的满足。

5. 追求更高层次的社会地位

在当代大学生的就业意识中，普遍存在着追求高声望、高层次单位的倾向。因为能在这样的单位就业，既能使自己接触到层次高、视野宽的工作，以增强自己适应社会的能力，又能使自己获得更多的学习、培训和晋升的机会，以获得较高的社会地位，对未来的择偶、交友也将有很多好处。

6. 既追求安全感和稳定性，又追求灵活性

长期以来，我国实行传统的劳动人事制度，人一旦已经从业，终生难变，这既使人们有安全感、稳定感，又使人们无望改变职业岗位。但随着传统模式的改变，双向选择、自主择

业影响着当代大学生的择业倾向，他们在注重稳定、安全的同时也注重灵活性、自由性。

案例导读

李明今年29岁，现在一家广告公司供职。从他七年前大学毕业到现在，已经换了五家不同的公司。

"我原来一直的看法是：不要急于给自己的人生定向，可以多尝试一下，然后再确定自己的方向。这五年来，我一直在试图给自己找一份真正满意的工作，于是我不断地搜取各方面的信息、建议，以图更好的发展。最开始，我在银行工作，后来又先后干过房地产、保险、体育器材等工作，直到最近进了这家规模不大的广告公司。频繁的跳槽虽然让我累积了丰富的工作经验，但也失去了很多原有的资源以及升迁的计划。我已经是一位将近而立之年的男人，我希望自己的工作生活能够相对固定些，能有一个长期稳定的发展空间。但就目前情况看，很难。我投身广告是因为这一行业现在市场需求大，可谁知道以后会怎样呢？我原先的几份工作也是开始好做，后来越来越难做了。我觉得自己长期以来都不能安心干好一份职业，要么容易厌倦、要么轻易放弃。包括做广告，我的劲头也不如开始时那么足了，业务、人际方面的麻烦事弄得我注意力很难集中，这对我很不利。老同学聚会时，我看见一些朋友已是小有成就，想想自己，又是惭愧又是不服。真不知是运气不好，还是自己存在问题。"

在今天的中国，经济高速发展，职业选择日益增多，"跳槽"对许多打工者来说是谋求更好发展的一种途径。如果不满意现在的工作，自身又具有一定的实力和冒险精神，换换口味，换换环境，走一条从未走过的路，也许会有意外的收获。

但是，正所谓"有得必有失"，这样做可能使你失去一些朋友，丧失一些资源，并承受来自各方面的压力。因此，你必须估量一些可能遇到的麻烦，以及将来要遭遇的竞争，在此基础上再决定自己的去留。也就是说，在选择之前要充分权衡得失，不要轻率而因此造成得不偿失。

在这个世界上没有任何一项职业、一份工作是十全十美的，与其整日不满抱怨、牢骚满腹，还不如利用机会好好充实、锻炼。有些工作也许看来不错，但未必适合你，你也未必真正喜欢。所以表面上的"有利""不利"等，其本身并无很大意义，关键还在于你自身的实际情况。只有懂得超越表面价值的人，才拥有真正的大智大慧，才能把坏事变成好事，不受表面价值的羁绊。其实，正如俗语所说，"三百六十行，行行出状元"，不管在哪儿工作，都会有展示能力的机会、发展自己的空间，即使你的工作很不理想，你也要致力于对他人有益的活动，争取多贡献、多作积累，并借此鹤立鸡群。

对此，日本松下电器公司总裁松下幸之助有一段话发人深省："我想，选择公司是决定各位将来方向最重要的课题。不要存在着姑且进入这家公司试试看的心理，而要有一生一世都要在这家公司服务的坚定信念。所以今后漫长的一生里，很可能遇到不愉快的事情，碰到各种麻烦，但切勿轻言离开公司。若遭遇不顺就想转业，则永远不会有大的成果……不论哪一种工作，要确切地知道是否适合自己，并不是一件容易的事。工作几年之后，慢慢地会产生兴趣，适应的情况连自己都感到惊奇。工作之中往往会有这种情形产生。"

四、职业价值观

价值观是一种内心尺度，它凌驾于整个人性当中，支配着人的行为、态度、观察、信念、理解等，支配着人认识世界、明白事物对自己的意义和自我了解、自我定向、自我设计等；也为人自认为正当的行为提供充足的理由。我们这里考察的职业价值观，在于探讨人们在职业选择和职业生涯中，在众多的价值取向里，优先考虑哪种价值。

（一）职业价值观的内涵

职业价值观是个体对职业所持有的相对稳定的个性倾向，它的形成和发展是个人长期生活经验积淀的结果。舒伯认为职业价值观是个人追求的与工作有关的目标，也即个人的内在需求及在从事活动时所追求的工作特质或属性。它是人生价值观在职业问题上的反映。

每种职业都有各自的特性。不同人对职业特性可能有不同的评价和取向，这就是所谓的职业价值观，也叫择业观。作为人们对待职业的一种信念和态度，职业价值观往往决定了人们的职业期望，影响着人们对职业方向和职业目标的选择。当我们有矛盾冲突或妥协与放弃时，常常也是出于价值的考虑。

当然，个人由于所处的生涯发展阶段、社会环境的不同，他的需求会发生改变，从而可能导致价值观的变化；当今多元社会中多种价值观的冲击也会导致原有价值观体系的混乱乃至改变。因此，价值观需要不断地审视和澄清。

（二）职业价值观的类型

美国的职业学家萨柏曾经概括过15种职业价值观类型：助人、美学、创造、智力刺激、独立、成就感、声望、管理、经济报酬、安全、环境优美、与上级关系、社交、多样化和生活方式。职业学家通过大量的调查，把职业价值观分为六大类，如表2-1所示。

表2-1 六类职业价值观的特点和相对应的职业类型

职业价值观	特　点	相应职业类型
自由型 （非工资生活者型）	不受别人指使，凭自己的能力拥有自己的小"城堡"，不愿受人干涉，想充分施展本领	室内装饰专家、图书管理专家、摄影师、音乐教师、作家、演员、记者、诗人、作曲家、编剧、雕刻家、漫画家等
小康型	追求虚荣，优越感也很强。很渴望能有社会地位和名誉，希望常常受到众人尊敬。欲望得不到满足时且过于强烈的自我意识，有时反而很自卑	记账员、会计、银行出纳、法庭速记员、成本估算员、税务员、核算员、打字员、办公室职员、统计员、计算机操作员等

职业价值观	特　点	相应职业类型
支配型 （独断专行型）	相当于组织的一把手，飞扬跋扈，无视他人的想法，为所欲为且视此为无比快乐	推销员、进货员、商品批发员、旅馆经理、饭店经理、广告宣传员、调度员、律师、政治家、零售商等
自我实现型	不关心平常的幸福，一心一意想发挥个性，追求真理。不考虑收入、地位及他人对自己的看法，尽力挖掘自己的潜力，施展自己的本领，并视此为有意义的生活	气象学者、生物学者、天文学家、药剂师、动物学者、化学家、科学报刊编辑、地质学家、植物学者、物理学者、数学家、实验员、科研人员、科技工作者等
志愿型	富于同情心，把他人的痛苦视为自己的痛苦，不愿干表面上哗众取宠的事，把默默地帮助不幸的人视为无比快乐	社会学者、导游、福利机构工作者、咨询人员、社会工作者、社会科学教师、护士等
技术型	认为立足社会的根本在于一技之长，因此钻研一门技术，认为靠本事吃饭既可靠，又稳当	木匠、农民、工程师、飞机机械师、野生动物专家、自动化技师、机械工、电工、火车司机、公共汽车司机、机械制图员等

五、职业价值观自测量表

自我职业价值观的认知方法有多种，以下选用两种近年来常用的方法。

（一）职业价值观自测量表

下面有 52 道题目，每道题目都有 5 个备选答案，请根据自己的实际情况或想法，在题目后面圈出相应字母，每题只能选择一个答案。通过测验，你可以大致了解自己的职业价值观念倾向（A——非常重要；B——比较重要；C——一般；D——较不重要；E——很不重要）。

1. 你的工作必须经常解决新的问题。　　　　　　　　　　　A B C D E
2. 你的工作能为社会福利带来看得见的效果。　　　　　　　A B C D E
3. 你的工作奖金很高。　　　　　　　　　　　　　　　　　A B C D E
4. 你的工作内容经常变换。　　　　　　　　　　　　　　　A B C D E
5. 你能在你的工作范围内自由发挥。　　　　　　　　　　　A B C D E
6. 你的工作能使你的同学、朋友非常羡慕你。　　　　　　　A B C D E
7. 你的工作带有艺术性。　　　　　　　　　　　　　　　　A B C D E
8. 你的工作能使人感觉到你是团体中的一分子。　　　　　　A B C D E

9. 不论你怎么干，你总能和大多数人一样晋级和涨工资。　　　　A B C D E

10. 你的工作使你有可能经常变换工作地点、场所或方式。　　　A B C D E

11. 在工作中你能接触到各种不同的人。　　　　　　　　　　　A B C D E

12. 你的工作上下班时间比较随便、自由。　　　　　　　　　　A B C D E

13. 你的工作使你不断获得成功的感觉。　　　　　　　　　　　A B C D E

14. 你的工作赋予你高于别人的权力。　　　　　　　　　　　　A B C D E

15. 在工作中，你能试行一些自己的新想法。　　　　　　　　　A B C D E

16. 在工作中，你不会因为身体或能力等因素，被人瞧不起。　　A B C D E

17. 你能从工作的成果中知道自己做得不错。　　　　　　　　　A B C D E

18. 你的工作经常要外出，参加各种集会和活动。　　　　　　　A B C D E

19. 只要你干上这份工作，就不再被调到其他意想不到的单位和工种　A B C D E
上去。

20. 你的工作能使世界更加美丽。　　　　　　　　　　　　　　A B C D E

21. 在你的工作中，不会有人常来打扰你。　　　　　　　　　　A B C D E

22. 只要努力，你的工资会高于其他同年龄的人，升级或涨工资的可能　A B C D E
性比干其他工作大得多。

23. 你的工作是一项对智力的挑战。　　　　　　　　　　　　　A B C D E

24. 你的工作要求你把一些事务管理得井井有条。　　　　　　　A B C D E

25. 你的工作单位有舒适的休息室、更衣室、浴室及其他设备。　A B C D E

26. 你的工作让你有可能结识各行各业的知名人物。　　　　　　A B C D E

27. 在你的工作中，能和同事建立良好的关系。　　　　　　　　A B C D E

28. 在别人眼中，你的工作是很重要的。　　　　　　　　　　　A B C D E

29. 在工作中，你经常接触到新鲜的事物。　　　　　　　　　　A B C D E

30. 你的工作使你能常常帮助别人。　　　　　　　　　　　　　A B C D E

31. 你在工作单位中，有可能经常变换工作。　　　　　　　　　A B C D E

32. 你的作风使你被别人尊重。　　　　　　　　　　　　　　　A B C D E

33. 同事和领导人品较好，相处比较随便。　　　　　　　　　　A B C D E

34. 你的工作会使许多人认识你。　　　　　　　　　　　　　　A B C D E

35. 你的工作场所很好，比如有适度的灯光，安静、清洁的工作环境，　A B C D E
甚至恒温、恒湿等优越的条件。

36. 在工作中，你为他人服务，使他人感到很满意，你自己也很高兴。　A B C D E

37. 你的工作需要计划和组织别人的工作。　　　　　　　　　　A B C D E

38. 你的工作需要敏锐的思考。　　　　　　　　　　　　　　　A B C D E

39. 你的工作可以使你获得较多的额外收入，比如，常发实物、常购买　A B C D E
折扣商品、常发商品的提货券、有机会购买进口货等。

40. 在工作中，你是不受别人差遣的。　　　　　　　　　　　　A B C D E

41. 你的工作结果应该是一种艺术而不是一般的产品。　　　　　A B C D E

42. 在工作中不必担心会因为所做的事情让领导不满意，而受到训斥或　　A　B　C　D　E
经济惩罚。

43. 在你的工作中能和领导有融洽的关系。　　　　　　　　　　　　　　A　B　C　D　E

44. 你可以看见你努力工作的成果。　　　　　　　　　　　　　　　　　A　B　C　D　E

45. 在工作中常常要你提出许多新的想法。　　　　　　　　　　　　　　A　B　C　D　E

46. 由于你的工作，经常有许多人来感谢你。　　　　　　　　　　　　　A　B　C　D　E

47. 你的工作成果常常能得到上级、同事或社会的肯定。　　　　　　　　A　B　C　D　E

48. 在工作中，你可能做一个负责的人，虽然可能只领导很少几个人，　　A　B　C　D　E
你信奉"宁做兵头，不做将尾"的俗语。

49. 你从事的那种工作，经常在报刊、电视中被提到，因而在人们的心　　A　B　C　D　E
目中很有地位。

50. 你的工作有数量可观的夜班费、加班费、保健费或营养费等。　　　　A　B　C　D　E

51. 你的工作比较轻松，精神上也不紧张。　　　　　　　　　　　　　　A　B　C　D　E

52. 你的工作需要和影视、戏剧、音乐、美术、文学等艺术打交道。　　　A　B　C　D　E

【评分与评价】

上面的 52 道题分别代表 13 项工作价值观。每圈一个 A 得 5 分、B 得 4 分、C 得 3 分、D 得 2 分、E 得 1 分。请你根据表 2－2 所示的评价表中每一项前面的题号，计算一下每一项的得分总数，并把它填在每一项的得分栏上。然后在表格下面依次列出得分最高和最低的三项。

表 2－2　评价表

得分	题号	价值观	说明（工作的目的和价值）
	2，30，36，46	利他主义	在于直接为大众的幸福和利益尽一份力
	7，20，41，52	美感	在于能不断地追求美的东西，得到美感的享受
	1，23，38，45	智力刺激	在于不断进行智力的操作，动脑思考，学习以及探索新事物，解决新问题
	13，17，44，47	成就感	在于不断创新，不断取得成就，不断得到领导与同事的赞扬或不断实现自己想要做的事
	5，15，21，40	独立性	在于能充分发挥自己的独立性和主动性，按自己的方式、步调或想法去做，不受他人的干扰
	6，28，32，49	社会地位	在于所从事的工作在人们的心目中有较高的社会地位，从而使自己得到了人们的重视与尊敬
	14，24，37，48	管理	在于获得对他人或某事物的管理支配权，能指挥和调遣一定范围内的人或事物
	3，22，39，50	经济报酬	在于获得优厚的报酬，使自己有足够的财力去获得自己想要的东西，使生活过得较为富足

续表

得分	题号	价值观	说明（工作的目的和价值）
	11，18，26，34	社会交际	在于能和各种人交往，建立比较广泛的社会联系和关系，甚至能和知名人物结识
	9，16，19，42	安全感	不管自己能力怎样，希望在工作中有一个安稳局面，不会因为奖金、涨工资、调动工作或领导训斥等经常提心吊胆、心烦意乱
	12，25，35，51	舒适	希望能将工作作为一种消遣、休息或享受的形式，追求比较舒适、轻松、自由、优越的工作条件和环境
	8，27，33，43	人际关系	希望一起工作的大多数同事和领导人品较好，相处在一起感到愉快、自然，认为这就是很有价值的事，是一种极大的满足
	4，10，29，31	变异性（追求新意）	希望工作的内容应该经常变换，使工作和生活显得丰富多彩，不单调枯燥

得分最高的三项是：＿＿＿＿＿＿＿；＿＿＿＿＿＿＿；＿＿＿＿＿＿＿。

得分最低的三项是：＿＿＿＿＿＿＿；＿＿＿＿＿＿＿；＿＿＿＿＿＿＿。

从得分最高和最低的三项中，可以大致看出你的价值倾向，在选择职业时就可以加以考虑。

（二）自我反省、自我陈述法

根据舒伯提出的工作价值观理论，与工作相关的、更具体的价值观有：利他主义、爱美、创造力、知识（智力）、激励、独立性、成就、威望、管理、经济回报、安全感、环境、监督关系、协作、变化、生活方式等。人们会从本质上看重不同的价值观，不同的职业和工作会在不同程度上满足人们某方面的价值观。一般来说，工作越能满足人们的工作价值观，他们的工作满意度水平就越高。

如何探测人们的工作价值观呢？

一方面，人们可以通过分析自己的生活史，弄清过去曾做过的职业生涯决定，追究其中的原因就可以了解到自己的工作价值观；另一方面，人们也可以通过更多的结构化价值观调查来补充这种非正式的分析。

以下说法代表了不同人对工作的态度以及工作对他们的意义。哪三种方式是你和你工作之间关系的真实反映？

（1）工作作为收入来源——是一种实现目的的手段。你真正想要的是否就是金钱，或者金钱能买到的东西？是金钱带给你满足感还是挣钱本身带给你满足感？这背后的期望是什么？

（2）工作作为一种活动——是一种让你有充实感的东西。工作为什么会产生这种效果？

（3）工作为了自我实现——是表达甚至发现自我的方式。工作是如何让你触及自己或向你揭示出真正的自我？这种工作动机背后的欲望又是什么？

（4）工作代表一种贡献——"工作能够改善社会福利、促进人类进步"，或者只是作为社会的一员"所应尽的义务"。这些话不一定完全适合你。用你自己的话说出你希望通过工作做出什么样的贡献，而你贡献的目的又是什么？

（5）工作是一种结构——规划你每天及每年的活动。在最简单的层面上，把工作视为安排生活的一种方式给你提供了可将事情整合起来的框架；在最复杂的层面上，工作的结构可能会演变成一种对你有极大意义的仪式或艺术形式。你从这种结构中又得到了什么呢？

（6）工作作为一个家庭式的根据地——工作向你提供了感觉上像家一样的空间。如果是这样，你回到工作中就像回到家中一样，在工作的时候最放松、最能找到自己，工作是你的归属。那么，这种感觉背后的欲望是什么？

（7）工作作为能力的一种体现——是一种自我感觉有价值的方式，使自身变得独立、内行、熟练、能驾驭一切。你是把什么样的愿望和这种感觉联系起来呢？

（8）工作是一种乐趣——工作本身就是令人愉快的。那么，更确切地说，在工作中究竟是什么活动带给你乐趣呢？与这种满足感相关联的欲望又是什么呢？

（9）工作是一场比赛——工作是一场竞技性运动或者是一种有特殊规则的游戏，工作中的成功就好比赢得了一场网球或桥牌赛。在这种方式中你的欲望又是什么呢？

通过对我们价值观、职业价值观的探索和澄清，让我们能够了解到自己的优点和缺点，并能结合自身所拥有的各种资源，发挥个人潜能，规划个人短期和远期的人生目标，实现自我理想，经营美好人生。

第三节　职业兴趣探索

一、兴趣概述

（一）兴趣的含义

兴趣是个体力求认识某种事物或从事某项活动的心理倾向，它表现为个体对某种事物或从事某种活动的选择性态度和积极的情绪反应。兴趣是个体对客观事物的选择性态度，正如"萝卜青菜，各有所爱"。兴趣是个体对需要的情绪表现，它是一种能够引起你想去了解某种事物或从事某项活动的内在感情。

任何人的兴趣都不是与生俱来的，而是现实生活实践中逐渐发生和发展起来的。如果一个人对某一事物根本不了解，那他根本就不可能感兴趣。兴趣与价值观、家庭生活、社会阶层、文化背景、物质环境等因素有关。当然，兴趣是会改变的，也是可以培养的。研究发现，在 25 ~ 55 岁时，人们的兴趣变化较少，但在 15 ~ 25 岁时可能变化很大。

（二）兴趣的发展与差异

从职业兴趣的发生和发展来看，一般要经历"有趣—乐趣—志趣"的过程。有趣是兴趣过程的第一阶段，这种职业兴趣是变化多端的、短暂的，如今天想当教师，明天相当设计师等。第二阶段是乐趣，它是在有趣的基础上发展形成的，这种职业兴趣会向专一的方向发展，如一个人对无线电有乐趣，他不但会学习这方面的知识，还会亲自装配或参加有关活动等。第三阶段为志趣，当人的乐趣与人的社会责任感、理想、奋斗结合起来时，便由乐趣转为志趣，志趣具有社会性、自觉性和方向性的特点。在职业生涯中，我们鼓励探索自己感到有趣的东西，并去发展相关技能让它成为你的乐趣，最终把它确立为你的志趣。

（三）兴趣与职业规划

生活中很多人都有兴趣爱好，但他们从不认为自己的爱好应该也是择业的基础。还有许多人认为，把职业选择建立在适合自身特点和喜好的基础上是不现实的。这些人把注意力集中在一些现实上，如这所学校能提供什么样的学位和课程，哪些职业具有较高的职业稳定性和较好工资报酬。

从最早期的帕森斯开始，职业发展专家就专门把兴趣当做职业选择的一个重要部分。将个人的职业建立在兴趣的基础上不仅是现实可行的，而且是十分必要的。

首先，兴趣可以是职业选择的基础，成为职业发展的动力。为自己感兴趣的事付出是一种乐趣，这样工作就不再是外部强加的负担，兴趣是成功的推动力，正如一句台词所讲的"有喜好，就会执着；有执着，才会成功"。

再次，兴趣更是职业满足感的来源，它还能提高职场压力与竞争的应对能力。兴趣是引起和维持人的注意的重要内部因素，就像一个灯塔，为人们职业发展指明了方向。职业心理学家的研究表明，一个人对某种职业产生兴趣可以增强职业的适应性，而且能发挥他全部才能的80%～90%，令他长时间保持高效率而不感到厌倦。如果相反，则他的才能只能发挥20%～30%.

最后，个人的目标职业必须源于你的兴趣。真正的兴趣是发自内心的，如果一个人所从事的工作是他真正发自内心热爱的事业，他就不会将工作仅仅当做是谋生的手段，而是当做事业去干，完全自愿地投入，充分体验到工作挑战的乐趣和成就感。当然，有时候我们对自己真正感兴趣的东西并不清楚，可能你会将家人、亲友的不切实际的期望误以为是自己的真实理想。

二、自我职业兴趣探索

认识个人职业兴趣有两种方法：一是通过测验法；二是通过经验法。先来看第一种方法，即问卷测验职业兴趣。运用已有的职业兴趣测试问卷，可以发现自己感兴趣的职业。这种方法的优点在于在没有完全明确的职业概念时，通过问卷测试可以了解自己的职业兴趣领域。同时，这些问卷经过了科学的检测，测查结果比较可靠。但是，其测试过程本身比较复杂，因此还需要专业人员帮助计分、解释。

在这里主要介绍"ACT无性别差异兴趣问卷"。该测验由ACT（美国大学考试中心）编制。

下面为 ACT 职业兴趣测验表（见表 2-3），表中列出了一些与职业有关的活动，请你根据自己的情况在你喜欢或胜任的活动项目上选"符合"，在你不喜欢或不能胜任的项目上选"不符合"，两者均画上相应的"√"。

表 2-3　ACT 职业兴趣测验表

序号	活动项目	符合	不符合
1.	了解恒星的形成		
2.	素描和绘画		
3.	帮助人们做出重要决策		
4.	组织会议		
5.	点钱、算钱		
6.	使用医学器械		
7.	了解大脑的活动机制		
8.	作曲或改编音乐		
9.	急救伤员		
10.	制定规章和政策		
11.	在商店里做问卷调查		
12.	修理玩具		
13.	考察科学博物馆		
14.	摄影艺术创作		
15.	给孩子们示范怎样做游戏运动		
16.	参加政治竞选		
17.	填写和核对工资表		
18.	操作挖土机		
19.	听著名科学家的报告		
20.	写短篇小说		
21.	参加社会福利募捐		
22.	当众介绍情况		
23.	建立财会账目		
24.	当森林消防员		
25.	研究生物学		
26.	了解当代作家的写作风格		
27.	帮助新来者结识人		
28.	与推销员讨论骗人的广告		

续表

序号	活动项目	符合	不符合
29.	预算经费		
30.	做家具		
31.	测量试管中的化学物质		
32.	给杂志中的故事插图		
33.	参加小组讨论		
34.	为他人制订工作计划		
35.	结算账目		
36.	学习雕磨宝石		
37.	设计一座新型结构的建筑物		
38.	写电影剧本		
39.	帮人树立信心		
40.	向人们解释公民的合法权利		
41.	商品的分类、记数和保存		
42.	暴风雨后补救损坏的树木		
43.	研究植物疾病		
44.	向当地广播站推荐音乐节目		
45.	帮助救援处于危险中的人们		
46.	为新产品写说明书		
47.	计划每月的预算		
48.	动物饲养		
49.	阅读关于新的科学发现的书或杂志		
50.	从事室内装潢		
51.	帮助调停朋友间的纠纷		
52.	管理工厂		
53.	检查财政账目中的错误		
54.	在奖品或徽章上刻字或图案		
55.	研究化学		
56.	画漫画		
57.	做导游		
58.	做推销人员		
59.	计算货船的停泊费		

序号	活动项目	符合	不符合
60.	操作吊车或电影放映机		
61.	使用显微镜或实验室设备		
62.	设计金属雕塑		
63.	帮助有困难的朋友		
64.	打电话处理商务		
65.	制图		
66.	建筑施工		
67.	了解地球、太阳和恒星的起源		
68.	在乐队里演奏		
69.	培养人们的新爱好		
70.	就公司中的问题访谈工人		
71.	计算贷款利息		
72.	观察技师修理电视机		
73.	对蝴蝶进行观察分类		
74.	写戏剧评论		
75.	为残疾人服务		
76.	监督和管理他人工作		
77.	管理开支项目		
78.	修剪植物和灌木		
79.	研究维生素对植物的作用		
80.	设计海报		
81.	以开玩笑或讲故事的方式使他人娱乐		
82.	从事商业经营活动		
83.	检查报告图表中的错误		
84.	在图书馆里管理书籍		
85.	了解鸟的迁徙		
86.	参加演出		
87.	从事教学工作		
88.	挨家挨户进行民意调查		
89.	打字		
90.	检查次品		

统计计分方法：

上面90个题目，按照霍兰德的6个职业领域设计，即研究型（I）、艺术型（A）、社会型（S）、企业型（E）、传统型（C）和现实型（R）。90个项目循环排列，1、7、13、19等15个题目属于研究型计分项目，2、8、14、20等15个题目属于艺术型计分项目，其余类推，符合计1分，不符合计0分。分别计算6类题目即得总分。

测验结果可在霍兰德三字母职业码表中查得。

霍兰德三字母职业码表，也称三代号职业对照表，是美国著名职业指导专家、心理学家约翰·霍兰德所创，它是由六种职业领域代表的符号组合而成。职业兴趣代码（如表2-4所示）和职业对照表分别如下：

表2-4　职业兴趣代码

职业代码	职业类型	职业范围
R	实际型	木匠、农民、X光操作技师、飞机机械师、鱼类和野生动物专家、自动化技师、机械工、电工、无线电报务员、火车司机、汽车司机、机械制图员、修理机器、电器师
I	调查型	气象学者、生物学者、天文学家、药剂师、动物学者、化学家、科学报刊编辑、地质学者、植物学者、物理学者、数学家、实验员、科研人员、科技作者
A	艺术型	室内装饰专家、图书管理专家、摄影师、音乐教师、作家、演员、记者、诗人、作曲家、编剧、雕刻家、漫画家
S	社会型	社会学者、导游、福利机构工作者、咨询人员、社会工作者、社会教师、学校领导、精神病工作者、公共保健护士
E	事业型	推销员、进货员、商品批发员、旅游经理、饭店经理、广告宣传员、调度员、律师、政治家、零售商
C	常规型	记账员、会计、银行出纳、法庭速记员、成本估算员、税务员、核算员、打字员、办公室职员、计算机操作员、秘书

霍兰德三字母职业码表

说明：下面为三字母（3个代号）的职业兴趣类型一致的职业表。其对照的方法如下：首先根据你的职业兴趣代号，在下表中找出相对应的职业，例如你的职业兴趣代号是RIA，那么牙科技术人员、陶工等是适合你的兴趣的职业。然后寻找与你的职业兴趣代号相近的职业，如你的职业兴趣代号是RIA，那么，其他由这三个字母组合成的编号（如IRA、IAR、ARI等）对应的职业，也适合你的兴趣。

RIA：牙科技术员、陶工、建筑设计员、模型工、细木工、制作链条人员。

RIS：厨师、林务员、跳水员、潜水员、染色员、电器修理、眼镜制作、电工、纺织机器装配工、服务员、装玻璃工人、发电厂工人、焊接工。

RIE：建筑和桥梁工程、环境工程、航空工程、公路工程、电力工程、信号工程、电话工程、一般机械工程、自动工程、矿业工程、海洋工程、交通工程技术人员、计量员、农民、农场工人、农业机械操作、清洁工、无线电修理、手表修理、管工、线路装配工、工具仓库管理员。

RIC：船上工作人员、接待员、杂志保管员、牙医助手、制帽工、磨坊工、石匠、机器制造、机车（火车头）制造、农业机器制造、缝纫机装配工、钟表装配和检验、电动器具装配、鞋匠、锁匠、货物检验员、电梯机修工、托儿所所长、钢琴调音员、装配工、印刷工、建筑钢铁工作、卡车司机。

RAI：手工雕刻、玻璃雕刻、制作模型人员、家具木工、制作皮革品、手工绣花、手工钩针纺织、排字工作、印刷工作、图画雕刻、装订工。

RSE：消防员、交通巡警、警察、门卫、理发师、房间清洁工、屠夫、锻工、开凿工人、管道安装工、出租汽车驾驶员、货物搬运工、送报员、勘探员、娱乐场所的服务员、起卸机操作工、灭害虫者、电梯操作工、厨房助手。

RSI：纺织工、编织工、农业学校教师、某些职业课程教师（诸如艺术、商业、技术、工艺课程）雨衣上胶工。

REC：抄水表员、保姆、实验室动物饲养员、动物管理员。

REI：轮船船长、航海领航员、大副、试管实验员。

RES：旅游服务员、家畜饲养员、渔民、渔网修补工、水手长、收割机操作工、搬运行李工人、公园服务员、救生员、登山导游、火车工程技术员、建筑工作、铺轨工人。

RCI：测量员、勘测员、仪表操作者、农业工程技术、化学工程技师、民用工程技师、石油工程技师、资料管理员、探矿工、煅烧工、烧窑工、矿工、保养工、磨床工、取样工、样品检验员、纺纱工、炮手、漂洗工、电焊工、锯木工、刨床工、制帽工、手工缝纫工、油漆工、染色工、按摩工、木匠、农民建筑工作、电影放映员、勘测助手。

RCS：公共汽车驾驶员、一等水手、游泳池服务员、裁缝、建筑工作、石匠烟囱修建工、混凝土工、电话修理工、爆炸手、邮递员、矿工、裱糊工人、纺纱工。

RCE：打井工、吊车驾驶员、农场工人、邮件分类员、铲车司机、拖拉机司机。

IAS：普通经济学家、农场经济学家、财经经济学家、国际贸易经济学家、实验心理学家、工程心理学家、心理学家、哲学家、内科医生、数学家。

IAR：人类学家、天文学家、化学家、物理学家、医学病理、动物标本剥制者、化石修复者、艺术品管理者。ISE：营养学家、饮食顾问、火灾检查员、邮政服务检查员。

ISC：侦查员、电视播音室修理员、电视修理服务员、验尸室人员、编目录者、医学实验定技师、调查研究者。

ISR：水生生物学者，昆虫学者、微生物学家、配镜师、矫正视力者、细菌学家、牙科医生、骨科医生。ISA：实验心理学家、普通心理学家、发展心理学家、教育心理学家、社会心理学家、临床心理学家、目标学家、皮肤病学家、精神病学家、妇产科医师、眼科医生。五官科医生、医学实验室技术专家、民航医务人员。护士。

IES：细菌学家、生理学家、化学专家、地质专家、地理物理学专家、纺织技术专家、医院药剂师、工业药剂师、药房营业员。

IEC：档案保管员、保险统计员。

ICR：质量检验技术员、地质学技师、工程师、法官、图书馆技术辅导员、计算机操作员、医院听诊员、家禽检查员。

IRA：地理学家、地质学家、声学物理学家、矿物学家、古生物学家、石油学家、地震学家、声学物理学家、原子、分子物理学家、电学和磁学物理学家、气象学家、设计审核员、人口统计学家、数学统计学家、外科医生、城市规划家、气象员。

IRS：流体物理学家、物理海洋学家、等离子体物理学家、农业科学家、动物学家、生物化学家、食品科学家、园艺学家、植物学家、细菌学家、解剖学家、动物病理学家、作物病理学家、药物学家、生物化学家、生物物理学家、细胞生物学家、临床化学家、遗传学家、贩子生物学家、质量控制工程师、地理学家、兽医、放射性治疗师。

IRE：化验员、化学工程师、纺织工程师、食品技师、渔业技术专家、材料合测试工程师、电气工程师、土木工程师、航空工程师、行政官员、冶金专家、原子核工程师、陶瓷工程师、地质工程师、电力工程量、口腔科医生、牙科医生。

IRC：飞机领航员、飞行员、物理实验室技师、文献检查员、农业技术专家、动植物技术专家、生物技师、油管检查员、工商业规划者、矿藏安全检查员、纺织品检验员、照相机修理者、工程技术员、编计算程序者、工具设计者、仪器维修工。

CRI：簿记员、会计、记时员、铸造机操作工、打字员、按键操作工、复印机操作工。

CRS：仓库保管员、档案管理员、缝纫工、江苏元、收款人。

CRE：标价员、实验室工作者、广告管理员、自动打自己操作员、电动机装配工、缝纫机操作工。

CIS：记账员、顾客服务员、报刊发行员、土地测量员、保险公司职员、会计师、估价员、邮政检查员、外贸检查员。

CIE：打字员、统计员、支票记录员、订货员、校对员、办公室工作人员。

CIR：校对员、工程职员、海底电报员、检修计划员、发扳员。

CES：接待员、通讯员、电话接线员、卖票员、旅馆服务员、私人职员、上学教师、旅游办事员。

CSR：运货代理商、铁路职员、交通检查员、办公室通信员、簿记员、出纳员、银行财务职员。

CSA：秘书、图书管理员、办公室办事员。

CER：邮递员、数据处理员、办公室办事员。

CEI：推销员、经济分析家。

CES：银行会计、记账员、法人秘书、速记员、法院报告人。

ECI：银行行长、审计员、信用管理员、地产管理员、商业管理员。

ECS：信用办事员、保险人员、各类进货人员、海关服务经理、售货员、购买员、会计。

ERI：建筑物管理员、工业工程师、农场管理员、护士长、农业经营管理人员。

ERS：仓库管理员、房屋管理员、货栈监督管理员。

ERC：邮政局长，渔船船长、机械操作领班、木工领班、瓦工领班、驾驶员领班。

EIR：科学、技术、和有关周期出版物的管理员。

EIC：专利代理人、鉴定人、运输服务检查员、安全检查员、废品收购人员。

EIS：警官、侦查员、交通检查员、安全咨询员、合同管理员、商人。

EAS：法官、律师、公证人。

EAR：展览室管理员、舞台管理员、播音员、驯兽员。

ESC：理发师、裁判员、政府行政管理员、财政管理员、工程管理员、职业病防治、售货员、商业经理、办公室主任、人事负责人、调度员。

ESR：家具售货员、书店售货员、公共汽车的驾驶员、日用品售货员、护士长、自然科学和工程的行政领导。

ESI：博物馆管理员、图书馆管理员、古迹管理员、饮食业经理、地区安全服务管理员、技术服务咨询者、超级市场管理员、零售商品店店员、批发商、出租汽车服务站调度员。

ESA：博物馆馆长、报刊管理员、音乐器材销售员、广告商售画营业员、导游（轮船或班机上的）事务长、飞机上的服务员、船员、法官、律师。

ASE：戏剧导演、舞蹈教师、广告撰稿人、报刊、专栏作者、记者、演员、英语翻译。

ASI：音乐教师、乐器教师、美术教师、管弦乐指挥、合唱队指挥、歌星、演奏家、哲学家、作家、广告经理、时装模特。

AER：新闻摄影师、电视摄影师、艺术指挥、录音指导、魔术师、木偶戏演员、骑士、跳水员。

AEI：音乐指挥、舞台指导、电影演员。

AES：流行歌手、舞蹈演员、电影导演、广播节目主持人、舞蹈教师、口技表演员、袭击演员、模特。

AIS：画家、剧作家、编辑、评论家、时装艺术大师、新闻摄影师、男演员、文学作者。

AIE：花匠、皮衣设计师、工业产品设计师、剪影艺术家、复制雕刻品大师。

AIR：建筑师、画家、摄影师、绘图员、环境美化工、雕刻家、包装设计师，陶器设计师、绣花工、漫画工。

SEC：社会活动家、退伍军人服务官员、工商会事务代表、教育咨询者、宿舍管理员、旅游管理员、饮食服务管理员。

SER：体育教练、游泳指导。

SEI：大学校长、学院院长、医院行政管理员、历史学家、家政经济学家、职业学校教师、资料员。

SEA：娱乐活动管理员、国外服务办事员、社会服务助理、一般咨询者、宗教教育工作者。

SCE：部长助理、福利机构职员、生产协调人、环境卫生管理人员、戏院经理、餐馆经理、售票员。

SRI：外科医师助理、医院服务员。

SRE：体育教师、职业病治疗者、体育教练、专业运动员、房管员、儿童家庭教师、警察、引座员、传达员、保姆。

SRC：护理员、护理助理、医院勤杂工、理发师、学校儿童服务人员。

SIA：社会学家、心理咨询者、学校心理学家、政治科学家、大学或学院的教育学教师、大学农业教师、大学工程和建筑课程的教师、大学法律教师、大学数学、医学、物理、社会科学和生命科学的教师、研究生助教、成人教育教师。

SIE：营养学家、饮食学家、海关检查员、安全检查员、税务稽查员、校长。

SIC：描图员、兽医助理、诊所助理、体检检查员、监督缓刑犯的工作者、娱乐指导者、咨询人员、社会科学教师。

SIR：理疗员、救护队工作人员、手足病医生、职业病治疗助手。

第二种方法是经验评估职业兴趣。

职业的兴趣类别表明的是在相应的职业中包含哪些活动或任务。从整个社会来看存在着很多种职业，不同的职业包含着不同的活动或任务。哪些职业或哪些活动会引起你的兴趣呢？你能把哪些任务完成得更好呢？

如果对职业有一些认识，可以从熟悉的职业入手，考察确定最喜欢的职业。这种方法的优点在于快捷、简单，如果熟悉的职业种类很少，选择范围相应的也比较小，就会漏掉许多可能的选择，不利于发现人的职业潜能。

根据美国应用心理学专家乔治·凯利的个人建构理论发展出来的职业偏好比较活动，我们制定自己的职业偏好比较表，可以用来协助我们做职业兴趣的探索。

第一步，请在职业偏好比较表的最上一列各栏中分别填写七种最熟悉的职业名称。注意：所填写的职业名称中至少有一项是填答者现在从事的工作，有一项以上愿意从事的职业也可以；所填写的职业尽可能具体，不能重复，也要避免雷同，以免难以比较。如果自己不能够区分，也没有关系；一时想不出，可参阅报刊或亲友的职业，选几个熟悉的职业填上。

第二步，比较对所填写的第一个职业与第二个职业的偏好程度。在这两个职业中，哪一个比较愿意去做？并请在对应的栏目中写下愿意去从事该工作的原因和理由。注意：试着想想，我比较愿意去做……工作，是因为……；职业偏好的理由可填写一项以上，并请尽量多写。如果所比较的两项职业都不愿意去从事，仍需要从中选择一个较愿意从事的，并写下理由。两者相比，若比较偏好第一个职业，则将偏好的原因写在表格上；如果比较偏好第二个职业，请将不喜欢第一个职业的理由写在表格上，同时请在不喜欢的理由前加上一个×，以表示不喜欢。如果一时想不起来两个职业的不同，试着以下列指导语引导：两个职业有什么不同呢？对我自己来说，是不是有不一样的意义呢？先引导择业者做完一至两个职业比较，让他熟悉填写方式，再让他自己填答，并鼓励其在作答有困难时发问。

第三步，在完成各项职业偏好程度的比较之后，请填答者就所列七个职业中选取一项最愿意从事的工作，并以该项职业之下的各项偏好理由，对照所提供的职业价值观分类表，作为检查、反省、讨论个人职业价值观的参考。

这种方法可能没有测验法准确、全面，但在没有测查工具的情况下，如果择业者对心目中理想的职业有一定的认识，也不失为一种简便易行的办法。

通过运用以上方法来对自我进行测试，能够找出哪些职业会引起自己的兴趣。确定出对哪些职业感兴趣是正确选择职业的一个基础。

三、兴趣与职业匹配

为便于大家根据自己的兴趣选择合适的职业，这里介绍一下加拿大职业分类词典中各种职业兴趣类型的特点与相应的职业（见表 2-5）。

表 2-5 职业兴趣类型的特点与相应的职业

类型	类型特征	适应的职业
1	愿与事物打交道，喜欢接触工具、器具或数字，而不喜欢与人打交道	制图员、修理工、裁缝、木匠、建筑工、出纳员、记账员、会计、勘测、工程技术、机器制造等
2	愿与人打交道，喜欢与人交往，对销售、采访、传递信息一类的活动感兴趣	记者、推销员、营业员、服务员、教师、行政管理人员、外交联络等
3	愿与文字符号打交道，喜欢常规的、有规律活动；习惯于在预先安排好的程序下工作，愿干有规律的工作	邮件分类员、办公室职员、图书馆管理员、档案整理员、打字员、统计员等
4	愿与大自然打交道，喜欢地理地质类的活动	地质勘探人员、钻井工、矿工等
5	愿从事农业、生物、化学类工作，喜欢种养、化工方面的实验性活动	农业技术员、饲养员、水文员、化验员、制药工、菜农等
6	愿从事社会福利类的工作，喜欢帮助别人解决困难，这类人乐意帮助人，他们试图改善他人的状况，帮助他人排忧解难，喜欢从事社会福利和助人工作	咨询人员、科技推广人员、教师、医生、护士等
7	愿做组织和管理工作，喜欢掌管一些事情，以发挥重要作用，希望受到众人尊敬和获得声望，愿做领导和组织工作	组织领导管理者，如行政人员、企业管理干部、学校领导和辅导员等
8	愿研究人的行为和心理，喜欢谈涉及人的主题，对人的行为举止和心理状态感兴趣	心理学、政治学、人类学、人事管理、思想政治教育研究工作以及教育、行为管理工作、社会科学工作者、作家等
9	愿从事科学技术事业，喜欢通过逻辑推理、理论分析、独立思考或实验，发现和解决问题的、推理的、测试的活动，善于理论分析，喜欢独立地解决问题，也喜欢通过实验做出新发现	生物、化学、工程学、物理学、自然科学工作者、工程技术人员等
10	愿从事有想象力和创造力的工作。喜欢创造新的式样和概念，大都喜欢独立的工作，对自己的学识和才能颇为自信。乐于解决抽象的问题，而且急于了解周围的世界	社会调查、经济分析、各类科学研究工作、化验、新产品开发以及演员、画家、创作或设计人员等

续表

类型	类型特征	适应的职业
11	愿做操作机器的技术工作，喜欢通过一定的技术来进行活动，对运用一定技术，操作各种机械，制造新产品或完成其他任务感兴趣，喜欢使用工具特别是大型的、马力强的先进机器，喜欢具体的东西	飞行员、驾驶员、机械制造等
12	愿从事具体的工作，喜欢制作看得见、摸得着的产品并从中得到乐趣，希望很快看到自己的劳动成果，并从完成的产品中得到满足	室内装饰、园林、美容、理发、手工制作、机械维修、厨师等

四、巩固和培养职业兴趣

（一）就业前拓宽职业认识面

大学毕业生在就业前，认识的职业种类越多，对职业的性质了解得越细致，职业兴趣就会越广泛。职业兴趣越广泛，择业动机就越强，择业余地也会相对宽广。

（二）必要的社会责任心

当就业环境和自身素质决定我们必须干自己不喜欢的工作时，我们应该拿出必要的对社会负责的态度，培养自己的职业兴趣，即所谓"干一行，爱一行"。事实上，在就业时，多数人并不总是能够挑选到自己的理想职业。当我们还不能选择到自己满意的职业时，就必须尽快调整职业期望值，适应就业环境，在不理想的职位上，培养职业兴趣，干出一番理想的事业来。"把没有意思的工作很有意思地去完成"，美国钢铁大王戴尔·卡内基这样告诫人们。

（三）先就业，后择业

多数人的就业实践表明，走上职位的方法有多种多样，有被别人安排的，有自己找到的，有撞上的，有捡来的。除去自己找到的职位外，其他几种就业方法都是被动的。被动得到的职业，你也会对它产生兴趣，其方法是先就业，后择业。不少职业，你刚开始从事它的时候，可能对之毫无兴趣。但是随着你从业时间的延长和职业技能的提高，加之对职业生涯意义的全面了解，特别是当我们能够在这些职位上职得一定成绩的时候，我们的职业兴趣就会大大增加。只要我们专心地、深入地去从事某种职业，就会发现它有一种使我们倾心的魅力。

（四）量体裁衣

陶行知先生曾讲过一段发人深省的话："我觉得中学生有一个大问题，即择业问题。我以为择业时要根据个人的才干和兴趣，做事要有快乐，所以我们要根据个人的兴趣来择业。"但是我们要成功，就必须有那样的才干。才干，一般是指个体最擅长的某些知识或技能。在通常情况下，才干与兴趣有着互相推动的效应，即兴趣产生才干，才干助长兴趣；同时才干也能产生兴趣，兴趣又会强化才干。

但是，在我们初次择业时，应以自己所拥有的才干，即擅长的知识和技能去选择职业。因为根据自己的才干适应职业的状况择业，往往更趋向于职得其人、人适其职的最佳状态。在这种最佳状态下，我们的工作才能越做越有兴趣，越做越长才干，最后的结果可能使我们成为某一职业生涯领域内的人才。

案例导读

有一位90后女孩，大学时就读于北京科技大学，学的是计算机专业。但是到了大三时，她才发现自己并没有那么喜欢这个专业，反而更喜欢有创意、有格调的事情。因而实习期间，曾主动在创新工场、奥美广告实习。

临近毕业时，她进入了一家广告公司工作，发现自己很喜欢这个行业。正式毕业之后，积累了经验的她便顺利地进入了广告行业，并在环时互动担任杜蕾斯新媒体团队编辑。2013年，她发布漫画《我心中的10%先生》，2016年出版个人作品集《我想要两颗西柚》，两部作品大受好评，由此一跃成为文坛的新宠。她就是著名的90后畅销书女作家胡辛束。

之后，胡辛束创立了微信自媒体"胡辛束"，作为情感类内容自媒体，主打内容偏向内在输出的"情感小剧场"，从而赢得众多粉丝。2016年6月，"胡辛束"宣布完成天使轮融资，本轮融资由真格基金领投，罗辑思维跟投，"胡辛束"估值达到3000万元。2019年12月，第七届中国90后作家排行榜公布，胡辛束获提名，入围榜单前二十名。

胡辛束成功的原因之一在于她找到了自己的职业兴趣点，同时，兴趣也会促进一个人最大可能地挖掘和发挥自己的天赋，从而使她在工作中将自己的爱好和特长发挥得淋漓尽致。

职业的选择与确定，要求一个人必须对自身偏好有比较清楚的了解，比如自己的技能、具体的知识、任务适宜性、生理和心理上的工作环境要求、责任水平和薪水。在大量研究的基础上，不同个人偏好都有对应适合的职业群类。自然，这些适合的职业群类之外，可能就有一些是非常不适合自己的，并且可能这种不匹配的选择会对个人造成巨大的痛苦。因此，对自我特征进行确定，其意义可见一斑。

经过这样一种职业确定过程（从了解自我特征到匹配对应的职业群类），可以保证工作不仅仅是劳动，更是自我表达和贡献的宝贵途径。而且，当以这种职业自觉开始工作的时候，工作满意度就可能会非常高。那么，自身偏好最突出的表现是什么呢？一般而言，职业适应与否，影响非常巨大的一个因素就是职业兴趣。虽然，当人们付出努力时也经常把事情做好，但是，有兴趣的事人们会做得更好。所以，职业定位需要先从了解自己的职业兴趣开始。

兴趣是职业生涯选择的重要依据。兴趣可以使人集中精力去获得自己喜欢的职业知识，启迪智慧并开创性地开展工作。当一个人对某种职业发生兴趣时，他就能发挥整个身心和积极性；就能积极地感知和关注该职业知识、动态，并且积极思考、大胆探索；就能情绪高涨、想象丰富；就能增强记忆效果，增强克服困难的意志。反之，"强按牛头不喝水"是不会取得良好效果的，当然也就很难在该职业上发挥个人优势、做出巨大贡献了。正像一个人在日常生活中喜欢从事自己感兴趣的活动一样，具有一定兴趣类型的人更倾向于寻找与此有关的职业，特别是在外界环境限制较小时，更倾向于选择自己感兴趣的职业。

这个案例告诉我们，找到个人兴趣与工作职责中相对应的点，会让自己在工作时动力更强、更有成就感，职业兴趣是职业发展最有力的助推器。

第四节 职业性格探索

一、性格概述

性格是人在对现实的稳定态度和习惯化的行为方式中表现出来的个性心理特征。

性格是个性最鲜明的表现。人们在对他人的知觉中所力图确定的个性特征往往就是性格。例如，勤劳或懒惰、诚实或狡猾、勇敢或懦弱、谦虚或骄傲等都是对一个人性格特征的描述。

性格反映在人对现实的态度以及与之相适应的习惯化的行为方式之中。态度是个体对某一对象所持的评价和行为倾向，它是在社会环境中，随着意识的成熟、情感的丰富、经验的积累逐步形成的。当个体在长期的生活实践中逐渐形成对现实的各种稳定的态度，并以一定的方式表现于个体的行为之中构成个体特有的行为方式时，其性格特征也就形成了。例如，在遇到危险的时候，有的人经常表现为勇敢无畏，有的人则可能经常表现出怯懦、退缩，这就是一个人的性格特征的一种表现。这些性格特征既表明了他对现实的态度又表现了他在现实生活中习惯化的行为方式。正如恩格斯所说："人物的性格不仅表现在他做什么，而且表现他怎样做。""做什么"反映了个体对待现实的心理倾向，表明个体追求什么，拒绝什么，即人对现实的态度；"怎么做"反映了个体的行为特点，表明个体采取什么样的方法、如何追求既定目标，即人的习惯化的行为方式。

性格是一个人独特的、稳定的个性心理特征。一方面，并不是人对现实的任何一种态度都代表其性格特征。性格是个体在长期实践活动中沉积下来的稳定的态度和习惯化的行为方式。在有些情况下人对事物的态度是属于一时的、情境性的、偶然的表现，不能视为性格特征。例如，一个人一贯反应机敏，在某种特殊情况下，一反常态，表现为行动呆板、沉闷，我们就不能把呆板看做是此人的性格特征。另一方面，性格总是表现出一个人独特的个性特征，并且在一个人的行为中打上了烙印。世界上没有两个性格完全相同的人。即使两人的性格同为忠诚、坚定或勤奋，但两者的表现也不尽相同。

二、性格类型

性格的类型是指在一类人身上所共有的性格特征的独特结合。这种结合使一类人的性格和另一类人的性格明显不同。许多心理学家曾试图对性格进行分类。现列举有代表性的几种分类。

（一）机能类型

从心理机能上划分，性格可分为：理智型、情感型和意志型。这种分类观点是英国心理学家培因和法国心理学家李波特等人提出的，是一种按理智、情感、意志三种心理机能中哪一种占优势来确定性格类型的分类方法。理智型者通常以理智来衡量和支配自己的行动，与人交往时明事理、讲道理；情感型者情绪体验深，言行举止易受情绪左右；意志型者具有较明确的活动目标，行为活动具有目的性、主动性、持久性和坚定性。除这三种类型外，还可划分出一些中间型、混合型或非优势型。

（二）内外倾向型

从心理活动倾向性上划分，性格可分为：内倾向型和外倾向型。瑞士心理学家荣格（1913 年）提出的类型说最为著名。他认为力比多流动的方向决定人格的类型。力比多指人的心理现象发生的一种驱动力，他依据力比多倾向于内部或外部，把人分为内向型和外向型。内向型者心理活动倾向于内部：感情深沉，待人接物较谨慎小心；处理事务缺乏决断力，但一旦下定决心总能锲而不舍。外向型者心理活动倾向于外部：活泼、开朗、感情外露；待人接物果断，独立性强，但比较轻率。

（三）独立型和顺从型

从个体独立性上划分，性格分为独立型、顺从型。美国心理学家威特金按照个体场依存性的不同，把人分为顺从型（场依存性占优势）和独立型（场独立性占优势）。场依存性是指一个人的独立性程度。顺从型的人独立性差，易受环境暗示，行动比较依赖，缺乏主见，缺乏果断性。独立型的人处理问题时倾向于内在参照，有坚定的个人信息、自尊、自强、有主见，不易受环境暗示。但多数人则处于两个极端类型的中间。

（四）优越型与自卑型

奥地利心理学家 A. 阿德勒创立了"个体心理学"，用精神分析的观点来划分性格类型。阿德勒根据个人竞争性的不同把性格划分为优越型与自卑型。前者争强好胜，不甘落后，总想超过别人；后者甘愿退让，不与人争，缺乏进取心。

（五）理论型、经济型、权力型、社会型、审美型和宗教型

这种观点是由德国哲学家、教育家斯普兰格（1928 年）提出的。他把人类的生活方式

分为六种：理论型、经济型、权力型、审美型、社会型、宗教型。理论型的人对认识客观事物、追求真理有极大的热情，观察事物客观冷静，重视理论，力求把握事物本质，但在解决实际问题时常无能为力。理论家和哲学家属于这种类型。经济型的人一切以经济观念为中心，从实际获利出发评价事物价值，并以追求财富获取利益为个人生活目的。现实中企业家属于这种类型。权力型的人有强烈的权力意识和权力支配欲，无论对待何事何人，都易表现出对对象的支配倾向，凡是他自己的所作所为总由他自己决定。社会型的人重视社会价值，有献身精神，常以关心、热爱社会为自我实现的目标。这类人大多数都从事社会公益事务，如社会慈善，文教卫生事业等。审美型的人，以美为最高人生意义，不大关心实际生活，总是从美的角度来评价事物的价值。以自我完善和自我欣赏为生活目的。画家、诗人等艺术家大多属于这种类型。

宗教型的人，坚信宗教，有信仰，富有同情心，以慈悲为怀。爱人爱物为目的的神学家属于这种类型。

斯普兰格指出，这种类型划分是一个理想模型，现实生活中的每个人，通常是主要倾向于一种类型，兼有其他类型的特点。

三、性格自测量表

人们为了测验性格的内外向编制出多种量表，现介绍日本淡元路治郎的向性检查卡。

向性检查卡又被称为淡路向性检查卡，该量表以一个人对别人的态度、交友的情况、对新环境的兴趣和适应，以及自我主张的强烈程度等作为判断内外向性的重要特征。

淡路向性检查卡

请回答下列问题。如果问题内容适合于您的情况，就在"是"上画"√"；如果不适合，就在"否"上画"√"；如果介于适合和不适合之间，就在"不定"上画"√"。回答时不要考虑应该怎样，而只回答你平时是怎样的。每个答案无所谓正确与错误，因而没有对你不利的题目。

1. 对细小的事情也忧虑不已吗？　　　　是（　）　否（　）　不定（　）
2. 能当机立断吗？　　　　　　　　　　是（　）　否（　）　不定（　）
3. 处理重大的事情啰唆费时吗？　　　　是（　）　否（　）　不定（　）
4. 能中途改变决心吗？　　　　　　　　是（　）　否（　）　不定（　）
5. 比起想，更喜欢做吗？　　　　　　　是（　）　否（　）　不定（　）
6. 忧郁吗？　　　　　　　　　　　　　是（　）　否（　）　不定（　）
7. 对失败耿耿于怀吗？　　　　　　　　是（　）　否（　）　不定（　）
8. 从容不迫吗？　　　　　　　　　　　是（　）　否（　）　不定（　）
9. 不爱说话吗？　　　　　　　　　　　是（　）　否（　）　不定（　）
10. 好动感情吗？　　　　　　　　　　　是（　）　否（　）　不定（　）
11. 喜欢热闹吗？　　　　　　　　　　　是（　）　否（　）　不定（　）
12. 情绪容易变化吗？　　　　　　　　　是（　）　否（　）　不定（　）

13. 热衷于事情吗？   是（ ）   否（ ）   不定（ ）

14. 忍耐力强吗？   是（ ）   否（ ）   不定（ ）

15. 爱讲小道理吗？   是（ ）   否（ ）   不定（ ）

16. 议论问题容易过激吗？   是（ ）   否（ ）   不定（ ）

17. 小心谨慎吗？   是（ ）   否（ ）   不定（ ）

18. 动作敏捷吗？   是（ ）   否（ ）   不定（ ）

19. 工作细致吗？   是（ ）   否（ ）   不定（ ）

20. 喜欢干引人注目的事吗？   是（ ）   否（ ）   不定（ ）

21. 不顾一切地工作吗？（对工作入迷吗？）   是（ ）   否（ ）   不定（ ）

22. 是空想家吗？   是（ ）   否（ ）   不定（ ）

23. 过于洁癖吗？   是（ ）   否（ ）   不定（ ）

24. 乱扔物品吗？   是（ ）   否（ ）   不定（ ）

25. 浪费多吗？   是（ ）   否（ ）   不定（ ）

26. 说话过多吗？   是（ ）   否（ ）   不定（ ）

27. 性情不随和吗？   是（ ）   否（ ）   不定（ ）

28. 喜欢开玩笑吗？   是（ ）   否（ ）   不定（ ）

29. 容易受怂恿吗？   是（ ）   否（ ）   不定（ ）

30. 固执吗？   是（ ）   否（ ）   不定（ ）

31. 经常感到不满吗？   是（ ）   否（ ）   不定（ ）

32. 担心对自己的评论吗？   是（ ）   否（ ）   不定（ ）

33. 敢于批评别人吗？   是（ ）   否（ ）   不定（ ）

34. 自己的事情能放心托别人办吗？   是（ ）   否（ ）   不定（ ）

35. 不愿接受别人指导吗？   是（ ）   否（ ）   不定（ ）

36. 居于人上能很好管理吗？   是（ ）   否（ ）   不定（ ）

37. 老老实实地听取别人的意见吗？   是（ ）   否（ ）   不定（ ）

38. 机灵吗？   是（ ）   否（ ）   不定（ ）

39. 好隐瞒吗？   是（ ）   否（ ）   不定（ ）

40. 同情别人吗？   是（ ）   否（ ）   不定（ ）

41. 过于信任别人吗？   是（ ）   否（ ）   不定（ ）

42. 不忘记怨恨吗？   是（ ）   否（ ）   不定（ ）

43. 腼腆羞怯吗？   是（ ）   否（ ）   不定（ ）

44. 喜欢孤独吗？   是（ ）   否（ ）   不定（ ）

45. 交朋友尽心尽力吗？   是（ ）   否（ ）   不定（ ）

46. 在别人面前能随便地说话吗？   是（ ）   否（ ）   不定（ ）

47. 在惹人注目的地方退缩不前吗？   是（ ）   否（ ）   不定（ ）

48. 和意见不同的人也能随便地交往吗？   是（ ）   否（ ）   不定（ ）

49. 好管闲事吗？   是（ ）   否（ ）   不定（ ）

50. 慷慨地给别人东西吗？　　　　　　　是（　）　否（　）　不定（　）

根据被试回答结果，可求出外向性指数（$V \cdot Q$），其公式为：

$$V \cdot Q = （外向性反应总数 + 1/2 回答"不定"的总数）/25 \times 100$$

公式中外向性反应总数是指所有作外向反应的题数。该量表外向性题的编号是：2、4、5、8、10、11、12、18、20、21、24、25、26、28、29、34、36、37、38、40、41、46、48、49、50；其余25道题属于内向性题。外向性指数大于115的，则性格类型属于外向型；外向性指数小于95的，则性格类型属于内向型；外向性指数为95~115的，则属于中间型。

四、性格与职业的匹配

1. 内倾向型

这类人喜欢安静，富于内省；不好交际，除了亲密朋友之外，对一般人保持距离；不喜欢刺激；做事有计划，生活有规律；很少有攻击性；情绪容易控制。内向型性格适合从事有计划的、稳定的、不需要与人过多交往的职业，如自然科学研究人员、技术人员、艺术家、宗教家、会计师、速记员、打字员、计算机软件人员、税务员、统计员、商店收款员、银行出纳员、办公室办事员、图书管理员、电话员、美容师、整容师、发型设计师、铁路职员、公共卫生服务官员、秘书、工艺美术员等。

2. 外倾向型

这类人喜欢交际，有许多朋友；渴望刺激和冒险；情绪容易冲动；乐观、随和、好动；粗心大意；富于攻击性；情绪不易控制。外向型性格适合从事与外界广泛接触的职业，如管理者、律师、监督者、教师、推销员、售货员、新闻记者、警官、政治家、公关者、社团工作者、广告宣传员、调度员、党团干部、商品批发员、人事工作者、医生、导游员、咨询人员、保险工作人员、民事纠纷调解员、技术人员、推广应用人员、心理咨询师、经纪人、代理人等。

近年来，一些教育学、心理学研究人员根据我国的实际情况，将职业性格分为九种基本类型（见表2-6）。

表2-6　职业性格的九种基本类型

类　型	特　　征	适合的职业
变化型	在新的和意外的活动或工作情境中感到愉快，喜欢有变化的和多样化的工作，善于转移注意力	记者、推销员、演员
重复型	适合连续从事同样的工作，按固定的计划或进度办事，喜欢重复的、有规律的、有标准的工种	纺织工、机床工、印刷工、电影放映员
服从型	愿意配合别人或按别人指示办事，而不愿意自己独立做出决策，担负责任	办公室职员、秘书、翻译
独立型	喜欢计划自己的活动和指导别人活动或对未来的事情做出决定，在独立负责的工作情境中感到愉快	管理人员、律师、警察、侦察员

类　型	特　　　征	适合的职业
协作型	在与人协同工作时感到愉快，善于引导别人，并想得到同事们的喜欢	社会工作者、咨询人员
劝服型	通过谈话或写作等使别人同意自己的观点，对别人的反应有较强的判断力，并善于影响别人的态度和观点	辅导员、行政人员、宣传工作者、作家
机智型	在紧张和危险的情况下能自我控制沉着应付，发生意外和差错时不慌不忙出色地完成任务	驾驶员、飞行员、公安员、消防员、求生员
自我表现型	喜欢表现自己的爱好和个性，根据自己的感情做出选择，通过自己的工作来表现自己的思想	演员、诗人、音乐家、画家
严谨型	注重工作过程中各个环节、细节的精确性。愿意按一套规划和步骤工作尽可能做得完美，倾向于严格、努力地工作以看到自己出色完成工作的效果	会计、出纳员、统计员、校对员、图书、档案管理员、打字员

五、性格与职业的关系

不同性格类型的人，倾向适合于不同的职业。比如外向的人宜于去搞社交性和活动性的工作，而内向的人则更适于搞文字性、技术性和安稳性的工作。

不同的职业对人也有不同的性格要求，要适应这一职业，就必须具备或培养这一职业的性格特征。比如，作为医生，要有精益求精、一丝不苟的工作态度，有救死扶伤的人道主义品质，有高度的责任感并具有同情心；教师要热爱教育事业、富有爱心、为人师表、严于律己；工厂技术员要有创新精神、实干精神和吃苦耐劳、持之以恒的品质；管理干部要善于交往沟通、多角度思维、关心下属等。可以说，从事每一种职业都有一定的"职业性格"，好的职业性格有助于个体在相应职业中更好地完成工作。

另一方面，在职业实践中，职业活动的要求也会让从业者巩固或改变原有的性格特征，形成许多新的性格特征。例如，科研工作者在发展观察力、思维力的同时，也逐渐形成严谨、细致等性格特征。商业活动中，营业员可以形成主动耐心的职业性格，现代化生产要求培养人具有高度的组织性、计划性和协调性。所以，性格和职业是相互对应、相互作用的。

不过，大多数的职业并不一定过分强调与性格之间的严格对应，因为，不同类型的性格在同一职业领域中能够有各具特色的表现，同一性格的人在不同的职业领域中也会有各显魅力的展示。比如，情绪型的人，如果从事文学创作，会因感情丰富细腻而将人物的心理活动刻画得惟妙惟肖；如果从事科学研究，则会因善于想象而在非逻辑思维上比理智型的人更胜一筹。

而且，人的性格是极其复杂的，任何对性格与职业关系的固定、静止、片面的看法都是有失偏颇的。人所属于的性格类型并不是绝对单一的，大多数的人可能主要被划分成了某一种性格类型，但还有相近的和具有中性关系的其他性格类型，真正相排斥的并不多。因此大学生对自己进行职业设计时，对此不必顾虑过多。

性格和职业是相辅相成的，所以，在职业选择中我们既要考虑性格和职业的适合性，又要在职业实践中培养和强化相应的优良的职业性品质。

第五节 气质类型与职业探索

一、气质概述

（一）气质的定义

气质是不以人的活动目的和内容为转移的心理活动的、典型的、稳定的动力特征。

气质是人的个性心理特征之一，它是指在人的认识、情感、言语、行动中，心理活动发生时力量的强弱、变化的快慢和均衡程度等稳定的动力特征。主要表现在情绪体验的快慢、强弱、表现的隐显以及动作的灵敏或迟钝方面，因而它为人的全部心理活动表现染上了一层浓厚的色彩。

人们常说"三岁看到老"，气质类型的很早表露，说明气质较多地受个体生物组织的制约；也正因为如此，气质在环境和教育的影响下虽然也有所改变，但与其他个性心理特征相比，变化要缓慢得多，具有稳定性的特点。

（二）气质类型的分类

气质是一个古老的心理学问题。不同的心理学理论流派对气质类型的分类有不同的研究成果。

早在公元前5世纪，古希腊著名医生希波克拉特就提出了4种体液的气质学说。他认为人体内有四种体液：血液、黏液、黄胆汁和黑胆汁。四种体液协调，人就健康；四种体液失调，人就会生病。希波克拉特曾根据哪一种体液在人体内占优势把气质分为四种基本类型：多血质、胆汁质、黏液质和抑郁质。

古代所创立的气质学说用体液解释气质类型虽然缺乏科学根据，但人们在日常生活中确实能观察到这四种气质类型的典型代表。活泼、好动、敏感、反应迅速、喜欢与人交往、注意力容易转移、兴趣容易变换等，是多血质的特征。直率、热情、精力旺盛、情绪易于冲动、心境变换剧烈等，是胆汁质的特征。安静、稳重、反应缓慢、沉默寡言、情绪不易外露，注意力稳定但又难于转移，善于忍耐等，是黏液质的特征。孤僻、行动迟缓、体验深刻、善于觉察别人不易觉察到的细小事物等，是抑郁质的特征。因此，这四种气质类型的名称曾被许多学者所采纳，并一直沿用到现在。

人的气质类型可以通过一些方法加以测定。但属于某一种类型的人很少，多数人是介于各类型之间的中间类型，即混合型，如胆汁—多血质，多血—黏液质等。

（三）气质理论的新发展

心理学根据气质是人的高级神经活动类型的特点和其在行为方式上的表现，揭示出兴奋过程和抑制过程的 3 种特性：

（1）兴奋过程和抑制过程的强度。

（2）兴奋过程和抑制过程的均衡度。

（3）兴奋过程和抑制过程的灵活性。

这些特征把高级神经活动分为 4 种类型。

（1）强而不均衡的。

（2）强的、均衡的、灵活的。

（3）强的、均衡的、惰性的。

（4）弱型的。

这些高级神经活动的类型，是人的气质形成的生理基础。

（四）气质类型与职业的关系

人的气质带有先天遗传的性质，它能影响人的行为方式、能力的形成和发展，各种气质都有自己的优缺点。只有充分了解自己的气质类型，才能发挥优点、克服缺点，实现自己心理素质基础的一定程度上的转化。

实际上，不同的职业对于气质特点都有特定的要求，如医务工作要求反应灵敏、耐心、细致、热情等气质；驾驶员、飞行员、运动员则要求机智、敏捷、勇敢、抗干扰等气质特点；对组织管理干部则要求工作细致、善于交际、耐心等气质；外交人员则要求有思维敏捷、姿态活泼、能言善辩、感染力强等气质特点。因此，分析职业对气质的要求，分析个体的气质类型，有利于做到人职匹配，提高个体适应职业的能力。

（五）正确看待自身的气质类型

人的气质本身无好坏之分，气质类型也无好坏之分。在评定人的气质时不能认为一种气质类型是好的，另一种气质类型就是坏的。每一种气质都有积极和消极两个方面，在这种情况下可能具有积极的意义，而在另一种情况下可能具有消极的意义。如胆汁质的人可成为积极、热情的人，也可发展成为任性、粗暴、易发脾气的人；多血质的人情感丰富，工作能力强，易适应新的环境，但注意力不够集中，兴趣容易转移，无恒心等。气质相同的人可有成就的高低和善恶的区别。抑郁质的人工作中耐受能力差，容易感到疲劳，但感情比较细腻，做事审慎小心，观察力敏锐，善于察觉到别人不易察觉的细小事物。气质不能决定人们的行为，是因为人们可以自觉地去调节和控制。

气质只是属于人的各种心理品质的动力方面，它使人的心理活动染上某些独特的色彩，却并不决定一个人性格的倾向性和能力的发展水平。气质不能决定一个人活动的社会价值和成就的高低。据研究，俄国的四位著名作家就是四种气质的代表，普希金具有明显的胆汁质特征，赫尔岑具有多血质的特征，克雷洛夫属于黏液质，而果戈理属于抑郁质。类型各不相同，却并不影响他们同样在文学上取得杰出的成就。所以气质相同的人可以成为对社会作出重大贡献、品德高尚的人，也可以成为一事无成、品德低劣的人；可以成为先进人物，也可以成为落后人物，甚至反动人物。反之，气质极不相同的人也都可以成为品德高尚的人，成为某一职业领域的能手或专家。

不可否认，气质不仅影响活动进行的性质，而且可能影响活动的效率。例如，要求作出迅速灵活反应的工作对于多血质和胆汁质的人较为合适，而黏液质和抑郁质的人则较难适应。反之，要求持久、细致的工作对黏液质、抑郁质的人较为合适，而多血质、胆汁质的人又较难适应。

而且，在一些特殊职业中（例如，飞机驾驶员、宇航员、大型动力系统调度员或运动员等），要经受高度的身心紧张，要求人们有极其灵敏的反应，要求人们敢于冒险和临危不惧，对人的气质特性提出特定的要求。在这种情况下，气质的特性影响着一个人是否适合于从事该种职业。因此在培训这类职业的工作人员时应当测定人的气质特性。这是职业选择和淘汰的根据之一。

当然，绝不能孤立地考虑人们的气质特征，更重要的是培养积极的学习和工作态度。如果具有正确的动机和积极的态度，各种气质类型的人都可能在学习上取得优良成绩，在工作中作出出色的贡献。

总之，虽然人的行为不是决定于气质，而是决定于在社会环境和教育影响下形成的动机和态度，但是气质在人的实践活动中也具有一定的意义。虽然气质与态度相比只居于从属的地位，但它是构成人们各种个性品质的一个基础，因此它是一个必须加以分析和考虑的重要因素。

二、气质特征测量表

指导语：本测验有60道题，可帮助你确定自己的气质类型。回答这些题目时，应实事求是，怎么想的、怎么做的就怎么回答。

1. 做事力求稳妥，不做无把握的事。（　　）
   A. 最符合　　B. 比较符合　　C. 说不清　　D. 比较不符合　　E. 完全不符合
2. 遇到可气的事就怒不可遏，想把心里话说出来才痛快。（　　）
   A. 最符合　　B. 比较符合　　C. 说不清　　D. 比较不符合　　E. 完全不符合
3. 宁可一个人干事，也不愿很多人在一起。（　　）
   A. 最符合　　B. 比较符合　　C. 说不清　　D. 比较不符合　　E. 完全不符合
4. 到一个新环境很快就能适应。（　　）
   A. 最符合　　B. 比较符合　　C. 说不清　　D. 比较不符合　　E. 完全不符合
5. 厌恶那些强烈的刺激，如尖叫、噪声、危险镜头等。（　　）
   A. 最符合　　B. 比较符合　　C. 说不清　　D. 比较不符合　　E. 完全不符合
6. 和人争吵时，总是先发制人，喜欢挑衅。（　　）
   A. 最符合　　B. 比较符合　　C. 说不清　　D. 比较不符合　　E. 完全不符合

7. 喜欢安静的环境。（　　）

    A. 最符合   B. 比较符合   C. 说不清   D. 比较不符合   E. 完全不符合

8. 善于和人交往。（　　）

    A. 最符合   B. 比较符合   C. 说不清   D. 比较不符合   E. 完全不符合

9. 羡慕那些善于克制自己感情的人。（　　）

    A. 最符合   B. 比较符合   C. 说不清   D. 比较不符合   E. 完全不符合

10. 生活有规律，很少违反休息时间。（　　）

    A. 最符合   B. 比较符合   C. 说不清   D. 比较不符合   E. 完全不符合

11. 在多数情况下情绪是乐观的。（　　）

    A. 最符合   B. 比较符合   C. 说不清   D. 比较不符合   E. 完全不符合

12. 碰到陌生人觉得过分拘束。（　　）

    A. 最符合   B. 比较符合   C. 说不清   D. 比较不符合   E. 完全不符合

13. 遇到令人气愤的事，能很好地自我克制。（　　）

    A. 最符合   B. 比较符合   C. 说不清   D. 比较不符合   E. 完全不符合

14. 做事总是有旺盛的精力。（　　）

    A. 最符合   B. 比较符合   C. 说不清   D. 比较不符合   E. 完全不符合

15. 遇到问题常常举棋不定，优柔寡断。（　　）

    A. 最符合   B. 比较符合   C. 说不清   D. 比较不符合   E. 完全不符合

16. 在人群中从不觉得过分拘束。（　　）

    A. 最符合   B. 比较符合   C. 说不清   D. 比较不符合   E. 完全不符合

17. 情绪高昂时，觉得干什么都有趣；情绪低落时，又觉得干什么都没意思。（　　）

    A. 最符合   B. 比较符合   C. 说不清   D. 比较不符合   E. 完全不符合

18. 当注意力集中于一事物时，别的事物就难使我分心。（　　）

    A. 最符合   B. 比较符合   C. 说不清   D. 比较不符合   E. 完全不符合

19. 理解问题总比别人快。（　　）

    A. 最符合   B. 比较符合   C. 说不清   D. 比较不符合   E. 完全不符合

20. 碰到危险情况时，常有一种极度恐怖感。（　　）

    A. 最符合   B. 比较符合   C. 说不清   D. 比较不符合   E. 完全不符合

21. 对学习、工作、事业怀有很高的热情。（　　）

    A. 最符合   B. 比较符合   C. 说不清   D. 比较不符合   E. 完全不符合

22. 能够长时间做枯燥、单调的工作。（　　）

    A. 最符合   B. 比较符合   C. 说不清   D. 比较不符合   E. 完全不符合

23. 符合兴趣的事，干起来劲头十足，否则就不想干。（　　）

    A. 最符合   B. 比较符合   C. 说不清   D. 比较不符合   E. 完全不符合

24. 一点小事就能引起情绪激动。（　　）

    A. 最符合   B. 比较符合   C. 说不清   D. 比较不符合   E. 完全不符合

25. 讨厌做那种需要耐心、细致的工作。（　　）

　　A. 最符合　　B. 比较符合　　C. 说不清　　D. 比较不符合　　E. 完全不符合

26. 与人交往不卑不亢。（　　　）
　　A. 最符合　　B. 比较符合　　C. 说不清　　D. 比较不符合　　E. 完全不符合

27. 喜欢参加热烈的活动。（　　　）
　　A. 最符合　　B. 比较符合　　C. 说不清　　D. 比较不符合　　E. 完全不符合

28. 爱看感情细腻、描写人物内心活动的文学作品。（　　　）
　　A. 最符合　　B. 比较符合　　C. 说不清　　D. 比较不符合　　E. 完全不符合

29. 工作学习时间长了，常感到厌倦。（　　　）
　　A. 最符合　　B. 比较符合　　C. 说不清　　D. 比较不符合　　E. 完全不符合

30. 不喜欢长时间谈论一个话题，愿意实际动手干。（　　　）
　　A. 最符合　　B. 比较符合　　C. 说不清　　D. 比较不符合　　E. 完全不符合

31. 宁愿侃侃而谈，不愿窃窃私语。（　　　）
　　A. 最符合　　B. 比较符合　　C. 说不清　　D. 比较不符合　　E. 完全不符合

32. 别人说我总是闷闷不乐。（　　　）
　　A. 最符合　　B. 比较符合　　C. 说不清　　D. 比较不符合　　E. 完全不符合

33. 理解问题时常比别人慢些。（　　　）
　　A. 最符合　　B. 比较符合　　C. 说不清　　D. 比较不符合　　E. 完全不符合

34. 疲倦时只要短暂的休息就能精神抖擞，重新投入工作。（　　　）
　　A. 最符合　　B. 比较符合　　C. 说不清　　D. 比较不符合　　E. 完全不符合

35. 心里有事宁愿自己想，不愿说出来。（　　　）
　　A. 最符合　　B. 比较符合　　C. 说不清　　D. 比较不符合　　E. 完全不符合

36. 认准一个目标就希望尽快实现，不达目的，誓不罢休。（　　　）
　　A. 最符合　　B. 比较符合　　C. 说不清　　D. 比较不符合　　E. 完全不符合

37. 同样和别人学习、工作一段时间后，常比别人更疲倦。（　　　）
　　A. 最符合　　B. 比较符合　　C. 说不清　　D. 比较不符合　　E. 完全不符合

38. 做事有些莽撞，常常不考虑后果。（　　　）
　　A. 最符合　　B. 比较符合　　C. 说不清　　D. 比较不符合　　E. 完全不符合

39. 别人讲授新知识、新技术时，总希望他讲慢些，多重复几遍。（　　　）
　　A. 最符合　　B. 比较符合　　C. 说不清　　D. 比较不符合　　E. 完全不符合

40. 能够很快忘记那些不愉快的事情。（　　　）
　　A. 最符合　　B. 比较符合　　C. 说不清　　D. 比较不符合　　E. 完全不符合

41. 做作业或完成一件工作总比别人花费的时间多。（　　　）
　　A. 最符合　　B. 比较符合　　C. 说不清　　D. 比较不符合　　E. 完全不符合

42. 喜欢运动量大的剧烈活动，或参加各种文体活动。（　　　）
　　A. 最符合　　B. 比较符合　　C. 说不清　　D. 比较不符合　　E. 完全不符合

43. 不能很快地把注意力从一件事情转移到另一件事情上去。
　　A. 最符合　　B. 比较符合　　C. 说不清　　D. 比较不符合　　E. 完全不符合

44. 接受一个任务后，就希望把它迅速解决。（　　）

    A. 最符合　　B. 比较符合　　C. 说不清　　D. 比较不符合　　E. 完全不符合

45. 认为墨守成规比冒风险强些。（　　）

    A. 最符合　　B. 比较符合　　C. 说不清　　D. 比较不符合　　E. 完全不符合

46. 能够同时注意几件事物。（　　）

    A. 最符合　　B. 比较符合　　C. 说不清　　D. 比较不符合　　E. 完全不符合

47. 当我烦闷的时候，别人很难使我高兴起来。（　　）

    A. 最符合　　B. 比较符合　　C. 说不清　　D. 比较不符合　　E. 完全不符合

48. 爱看情节起伏跌宕、激动人心的小说。（　　）

    A. 最符合　　B. 比较符合　　C. 说不清　　D. 比较不符合　　E. 完全不符合

49. 对工作抱认真谨慎、始终如一的态度。（　　）

    A. 最符合　　B. 比较符合　　C. 说不清　　D. 比较不符合　　E. 完全不符合

50. 和周围人们的关系总是相处不好。（　　）

    A. 最符合　　B. 比较符合　　C. 说不清　　D. 比较不符合　　E. 完全不符合

51. 喜欢复习学过的知识，重复做已经掌握的工作。（　　）

    A. 最符合　　B. 比较符合　　C. 说不清　　D. 比较不符合　　E. 完全不符合

52. 希望做变化大、花样多的工作。（　　）

    A. 最符合　　B. 比较符合　　C. 说不清　　D. 比较不符合　　E. 完全不符合

53. 小时候会背的诗歌，我似乎比别人记得清楚。（　　）

    A. 最符合　　B. 比较符合　　C. 说不清　　D. 比较不符合　　E. 完全不符合

54. 别人说我"出语伤人"，可我并不觉得这样。（　　）

    A. 最符合　　B. 比较符合　　C. 说不清　　D. 比较不符合　　E. 完全不符合

55. 在学习生活中，常因反应慢而落后。（　　）

    A. 最符合　　B. 比较符合　　C. 说不清　　D. 比较不符合　　E. 完全不符合

56. 反应敏捷，大脑机智。（　　）

    A. 最符合　　B. 比较符合　　C. 说不清　　D. 比较不符合　　E. 完全不符合

57. 喜欢有条理而不甚麻烦的工作。（　　）

    A. 最符合　　B. 比较符合　　C. 说不清　　D. 比较不符合　　E. 完全不符合

58. 兴奋的事情常使我失眠。（　　）

    A. 最符合　　B. 比较符合　　C. 说不清　　D. 比较不符合　　E. 完全不符合

59. 别人讲新概念，我常常听不懂，但是弄懂以后就很难忘记。（　　）

    A. 最符合　　B. 比较符合　　C. 说不清　　D. 比较不符合　　E. 完全不符合

60. 假如工作枯燥无味，马上就会情绪低落。（　　）

    A. 最符合　　B. 比较符合　　C. 说不清　　D. 比较不符合　　E. 完全不符合

结果评价：

下表为气质类型测量量表，请将以上60道测试题计分，并将计算结果填入表中。

（1）计分：每题选A得2分，选B得1分，选C得0分，选D得-1分，选E得-2

分；并将每题的得分填入下面"得分"栏内。

（2）计算每种气质类型的总分数。

胆汁质	题号	2	6	9	14	17	21	27	31	36	38	42	48	50	54	58	总分
	得分																
多血质	题号	4	8	11	16	19	23	25	29	34	40	44	46	52	56	60	总分
	得分																
黏液质	题号	1	7	10	13	18	22	26	30	33	39	43	45	49	55	57	总分
	得分																
抑郁质	题号	3	5	12	15	20	24	28	32	35	37	41	47	51	53	59	总分
	得分																

如果某气质类型的得分明显高于其他三种，均高出 4 分以上，则可定为该气质类型。此外，如果该气质类型得分超过 20 分，则为典型类型。如果该得分为 10 ~ 20 分，为一般型。若两种气质得分相近，差异小于 3 分，又明显高于其他两种 4 分以上，可判定为两种类型的混合型；同样，如果三种气质得分均高于第四种，而且很接近，则为三种气质的混合型。

确定了自己的气质类型后，则可根据下列关系确定自己适合的职业。

多血质：比较适合做社交性、文艺性、多样化、要求反应敏捷且均衡的工作，而不太适应做需要细心钻研的工作。他们可从事广泛范围的职业，如外交人员、管理人员、驾驶员、医生、律师、运动员、新闻记者、冒险家、服务员、侦察员、干警、演员等。

胆汁质：较适合做反应迅速、动作有力、应急性强、危险性较大、难度较高而费力的工作。可以成为出色的导游员、勘探工作者、推销员、节目主持人、演讲者、外事接待人员等。但不适宜从事稳重、细致的工作。

黏液质：较适合做有条不紊、刻板平静、耐受性较高的工作，而不太适宜从事激烈多变的工作。可从事的职业有外科医生、法官、管理人员、出纳员、播音员、会计、调解员等。

抑郁质：能够兢兢业业干工作，适合从事持久细致的工作，如技术员、打字员、排版工、检查员、记录员、化验员、刺绣雕刻工、机要秘书、保管员等，而不适合做要求反应灵敏、处理果断的工作。

第六节　职业能力探索

一、能力概述

（一）能力的含义

能力是直接影响活动效率，保证活动顺利完成所必备的个性心理特征。例如，一位画家所具有的色彩鉴别力、形象记忆力等，这些都叫能力，这些能力是保证一位画家顺利完成绘画活动的心理条件。

能力有两种含义：一是指已经发展或表现出的实际能力。例如，某人能讲三种外语，会开汽车，等等。二是指可能发展的潜在能力。研究表明，潜在能力是尚未表现出来的心理能量，是通过学习或训练后可能发展起来的能力，它只是各种实际能力发展的可能性。潜在能力被认为是实际能力形成的基础和条件，实际能力是潜在能力的展现。实际能力和潜在能力密切地联系着。

能力和活动密切相关。一方面，能力在活动中发展并表现在活动之中。如我们只有在一部文艺作品中才能看出作者的观察力、思维能力、创造能力和写作能力，作者的创作能力也只有在他的创作活动中不断形成和发展起来。能力存在于活动之中，离开了活动也就无所谓能力。另一方面，从事某种活动必须以某种能力为前提。如进行学习研究活动，必须以记忆力、注意力、感知及抽象概括能力为前提，才能保证学习活动的顺利完成。所以，能力是完成某一活动必备的心理条件。

人们要完成某种活动，往往不是依靠一种能力，而是依靠多种能力的结合。这些能力的高度发展和有机结合，就能保证某种活动的顺利进行。这种结合在一起的能力叫才能。例如，教师要有敏锐的观察力、准确而流畅的言语表达力、严谨的逻辑思维能力、组织管理能力以及处理教学中偶发事件的教育机制等。这些能力的结合就是教师的才能。同样，学生的解题能力与计算能力结合起来，就组成数学才能。

各种能力最完备地结合和最高度发展统称为天才。天才是能力的独特结合，它使人能顺利地、独立地、创造性地完成某些复杂的活动。天才往往结合着多种高度发展的能力。一个天才人物往往同时是文学家、历史学家、诗人、政治家等。天才不是天生的，它离不开社会历史的要求、时代的需要。特定的社会历史环境常常会涌现出许多具有特定能力的天才人物。天才并不是什么天赋之才，是在先天良好遗传素质的基础上，经过良好的环境影响和教育作用，再加上个人的勤奋努力而逐渐形成的。正如爱迪生所说的"天才是1%的灵感加上99%的汗水"。

（二）能力的分类

人的能力是各种各样的，可以从不同的角度对能力进行分类。

1. 按照能力所表现的活动领域不同可把能力分为一般能力和特殊能力

一般能力也被称为认识能力，也就是平常我们所说的智力，它是指完成各种活动都必须具备的能力。它由注意力、观察力、记忆力、思考力、想象力五个因素构成。其中思考力是一般能力的核心，它代表着智力发展的水平。其他任何能力的发展和提高都与这种能力的发展分不开。

特殊能力也被称为专业能力，是指在某种专业活动中表现出来的能力。它是顺利完成某种专业活动的心理条件。例如，画家的色彩鉴别力、形象记忆力；音乐家区别旋律曲调特点的能力、音乐表象想象能力以及感受音乐节奏的能力，均属于特殊能力。

一般能力和特殊能力紧密地联系着。一般能力是各种特殊能力形成和发展的基础，一般能力越是发展，就越为特殊能力的发展创造了有利条件；特殊能力的发展，同时也会促进一般能力的提高。在活动中，一般能力和特殊能力共同起作用。要成功地完成一项活动，既需要具有一般能力，又需要具有与该活动有关的特殊能力。

2. 按照活动中能力的创造性大小可把能力分为模仿能力和创造能力

模仿能力也被称为再造能力，是指人们通过观察别人的行为、活动来学习各种知识，然后以相同的方式作出反应的能力。如学习绘画时的临摹，从字帖上仿效前人的书法，儿童在家庭中模仿父母的说话、表情，按照学习的数学定理来解决同一类型题目等都是模仿。模仿不但表现在观察别人的行为后立即做出相同的反应，而且表现在某些延缓的行为反应中。模仿是人和动物的一种重要的学习能力。

创造能力是指在活动中创造出独特的、新颖的、有社会价值产品的能力。它是成功地完成某种创造性活动所必需的心理条件。一个具有创造力的人往往能超脱具体的知觉情境、思维定式、传统观念和习惯势力的束缚，在习以为常的事物和现象中发现新的联系和关系，提出新的思想，产生新的产品，如科学发明、工具革新、小说创作、创造性地解决问题等。创造能力有三个特点：

（1）独特性。见解独特，不循常规，能标新立异。

（2）变通性。不受定式的约束，能举一反三，触类旁通，构思新奇灵活。

（3）流畅性。心智活动畅通无阻，能在短时间内产生大量想法，提出多种答案。

模仿能力和创造能力是紧密联系的，创造能力是从模仿能力的基础上发展起来的，人们的活动一般总是先模仿，后创造。模仿是创造的前提和基础，创造是模仿的发展。模仿能力和创造能力又是相互渗透的，模仿能力中包含有创造能力的成分，创造能力中包含着模仿能力的因素。

3. 按照能力的功能可把能力划分为认知能力、操作能力和社会交往能力

认知能力是指人脑加工、储存和提取信息的能力。一般认为观察力、记忆力、注意力、思考力和想象力等都是认知能力。人们认识客观世界，获得各种各样的知识，主要依赖于人的认知能力。

操作能力是指人们有意识调节自己的外部动作以完成各种活动的能力，如艺术表演能力、劳动能力、体育运动能力、实验操作能力等。

社会交往能力是指在人们的社会交往活动中所表现出来的能力，如言语感染力、组织管理能力、决策能力、处理意外事故的能力等。这种能力对协调人际关系，促进人际交往和信息沟通有重要作用。

以上三种能力是相互联系的，操作能力和社交能力是在认知能力的基础上形成和发展起来的；同时，人们在操作和社会活动中，又进一步丰富和发展了认知能力。在有些实践活动中，需要这三种能力有机结合才能使活动顺利进行。

二、能力与职业匹配

职业能力既与一般能力有关，更与特殊能力密不可分。

人们从事某种职业活动都是具体的，因此，人的职业能力倾向，主要就是指人的特殊能力，它是表示从业人员为胜任这一职业要求而必备的能力。

（一）能力与职业对应划分

根据职业所需的特殊能力类型，可以把特殊能力与职业对应划分为以下几个方面。

（1）擅长与物打交道。如制图、勘测、建筑、机械制造、会计、出纳等职业。

（2）擅长与人打交道。如记者、推销员、教师、行政管理人员、外交联络员等。

（3）擅长做有规律的工作。如图书档案管理员、仓库管理员等。

（4）喜欢从事社会福利和助人工作。如律师、医生、护士、咨询师等。

（5）具有领导和组织能力。如行政人员、企业管理者等。

（6）擅长研究人的行为。如心理学、政治学、人事管理、思想政治教育工作者等。

（7）擅长科学技术研究。如数学家、化学家、发明师、研究员等。

（8）擅长抽象、创造性工作。如经济分析师，各类科研、化验、社会调查人员等。

（9）擅长操作机器的技术性工作。如机械制造、驾驶员、飞行员等。

（10）喜欢具体的工作，愿从事看得见、摸得着，能很快看到自己劳动成果的工作。如手工、装饰、维修等职业。

著名数学家陈景润是位天才的数学家，成功地证明了哥德巴赫猜想；但由于他性格内向，不善于语言表达，完全不适合当教师。他虽然富于才华，但不具备教育学生的能力。因此，只有正确分析自己的能力倾向，才能有所作为，才能做到能力水平与职业层次相一致。

（二）能力类型的特点及相适合的职业

（1）语言能力：包括对词的理解和使用的能力，对词、句子、段落、篇章的理解能力，以及善于清楚而正确地表达自己的观点和向别人介绍信息的能力，它包括语言文字的理解能力和口头表达能力，善于表达自己的思想和观点，适合职业有教师、记者、服务员等。

（2）数理能力：能够快速运算，进行推理，解决应用问题，适合的岗位有会计师、出纳、统计、建筑师、精算师、工程师、工业药剂师等。

（3）空间判断能力：是指能看懂几何图形、识别物体在空间运动中的联系、解决几何问题的能力。与图纸、工程及建筑等打交道的人，对空间判断能力要求很高；而对于裁缝、电工、木工、无线电修理工和机床工来说，必须有一定的空间判断能力。

（4）察觉细节能力：对物体或图像的有关细节的知觉能力，如对于图形的阴暗、线的宽度和长度做出视觉的区别和比较，能看出其细微的差异。适合职业有生物学家、建筑师、测量员、制图员、农业技术员、动植物技术员、医师、兽医、药剂师、画家、无线电修理工等。

（5）运动协调能力：身体能够迅速而准确地做出动作反应。适合职业有舞蹈演员、驾驶员、飞行员、牙科医生、外科医生、雕刻家等。

（6）动手能力：是指手、手腕、手指都能够迅速而准确地操作小的物体的能力。适合职业有技术工人、检修人员、模型制造人员、手工艺者等。

（7）书写能力：对词、印刷物、账目、表格等的细微部分具有正确的知觉能力。适合职业有校对、录入人员等。

（8）社会交往能力：善于进行人与人之间的互相交往、互相联系、互相帮助，能够协同工作并建立良好的人际关系。适合职业有公共关系人员、对外联络人员、政府外交官、物业管理人员等。

（9）组织管理能力：擅长组织和安排各种活动以及协调参加活动中人的关系的能力。适合职业有政府管理人员、企业经理、基金管理人等。

三、职业能力倾向测量

在我国，人们对能力的评价，对择业者个体来说，主要是采用自我体验、他人作评价的方式进行，即所谓的"听其言，观其行"。这样的方法所得到的关于能力的评价多停留在主观印象阶段，常呈现模糊、片面的特征。最近几年通过引进或介绍，更多地使用测量的方法，开发出了适应我国使用的测量工具，如《BEC职业能力测验（Ⅰ）型》和《BEC职业能力测验（Ⅱ）型》、劳动和社会保障部的《CETTIC职业素质测评》、很多高校正在使用的北森公司开发的朗途职业规划测评系统等。这些量表操作便捷，能较全面地反映被测者的实际状况。下面介绍一种常用的自测量表。

职业能力倾向自测量表

该测试的评定用五级量表：强、较强、一般、较弱、弱。测试分为9组，每组均相应测试一项职业能力。每组均有6题，按上述5个等级为各题打分。能力强的打1分，较强的为2分，依次递增，弱的打5分。最后总计各组得分除以6可得该组所测职业能力最后得分。各题能力评定等级为，最后得分为1的，表明该项能力强，随分值增加依次为较强、一般、较弱，若为5分则表明为弱。

（一）语言能力

强：1分   较强：2分   一般：3分   较弱：4分   弱：5分

（1）善于表达自己的观点。

（2）阅读速度快，并能抓住中心内容。

（3）清楚地向别人解释难懂的概念。

（4）对文章中的字、词、段落和篇章的理解和综合能力。

（5）掌握词汇量的程度。

（6）中学时你的语文成绩。

（二）数理能力

强：1分   较强：2分   一般：3分   较弱：4分   弱：5分

（1）做出精确的测量。

（2）解算术应用题的能力。

（3）笔算能力。

（4）心算能力。

（5）使用工具（如计算器）计算的能力。

（6）中学时你的数学成绩。

（三）空间判断能力

强：1分　　较强：2分　　一般：3分　　较弱：4分　　弱：5分

（1）美术素描画的水平。

（2）画三维度的立体图形能力。

（3）看几何图形的立体感。

（4）玩拼图游戏。

（5）对盒子展开后平面图的想象力。

（6）中学时你的立体几何成绩。

（四）察觉细节能力

强：1分　　较强：2分　　一般：3分　　较弱：4分　　弱：5分

（1）发现相似图形中的细微差异。

（2）识别物体的形状差异。

（3）注意到多数人所忽视的物体的细节部分。

（4）检查物体的细节。

（5）观察图案是否正确。

（6）中学时善于找出数学作业的细小错误。

（五）书写能力

强：1分　　较强：2分　　一般：3分　　较弱：4分　　弱：5分

（1）快而准确地抄写资料。

（2）在阅读中发现错别字。

（3）发现计算错误。

（4）发现图表中的细小错误。

（5）在图书馆很快查找编码卡片。

（6）自我控制能力。

（六）运动协调能力

强：1分　　较强：2分　　一般：3分　　较弱：4分　　弱：5分

（1）劳动技术课中操作机器一类的活动。

（2）玩电子游戏机或瞄准打靶。

（3）在广播体操中集体的协调灵活性。

（4）打球姿势的平衡度。

（5）打字比赛或算盘比赛的成绩。

（6）闭眼单脚站立的平衡能力。

（七）动手能力

强：1分　　较强：2分　　一般：3分　　较弱：4分　　弱：5分

（1）灵巧地使用手工工具（如锤子等）。

（2）灵巧地使用很小的工具（如镊子等）。

（3）弹乐器时手指的灵活度。

（4）做小手工艺品的动手能力。

（5）很快地削水果。

（6）修理、装配、编织、缝补等活动能力。

（八）社会交往能力

强：1分　　较强：2分　　一般：3分　　较弱：4分　　弱：5分

（1）善于在陌生的场合发表自己的意见。

（2）新场所结交新朋友。

（3）口头表达能力。

（4）善于与人友好交往并协同工作。

（5）助人。

（6）做别人的思想工作。

（九）组织管理能力

强：1分　　较强：2分　　一般：3分　　较弱：4分　　弱：5分

（1）参加集体活动。

（2）活动中能关心他人。

（3）想出好点子。

（4）果断地处理突发事件。

（5）合作的水平。

（6）解决同事或同学间的矛盾。

案例导读

高秉，市场部经理，29岁，大学毕业时赶上网络蓬勃发展时期，作为年轻人的他庆幸自己闯进了事业发展的快车道。因此，刚开始他觉得自己将来在网络方面会干出一番天地。由于基础知识扎实，他很快进入了一家网络公司，作为新人的他勤奋努力，因而得到了领导的器重。在这家公司里他学到了新的技能和许多很好的工作方法，感觉很充实。

然而不到两年，随着他对周边行业的认识和了解，他渐渐发现自己在市场营销方面更有天赋和兴趣，他开始认真思考自己的职业发展规划。最后，他选择了另外一家公司，干起了市场营销。如今，他在一家海底世界娱乐公司做市场推广，这是一个需要层出不穷的想象力与热情、实干充分结合的发展空间，而且更容易获得自信和成就感。置身于这样一个事业与兴趣的契合点，干劲冲天的他每天都像幽蓝海水中快活遨游的鱼！

对于刚刚工作的人来说，干好第一份工作是自己的首要目标，因为工作是实现其他愿望的必经之路。可干了一段时间后你可能发现，自己与这份得来不易的工作有一种与生俱来的抗拒。你的天赋、能力、兴趣以及工作的持久力慢慢在丧失，整天处于惯性工作状态，你变得懈怠并且烦恼。你问自己，这到底是不是正确的职业道路呢？从这个起点，能不能登临事业的顶峰？

这个时候建议你，最应着手的就是要好好了解和评估你的人生发展计划，确定具体的实现步骤，尽量选择和接近适合自己能力和理想的目标，千万不要满足于"我已经找到了工作"。

我们要做自己的职业策划师，为未来制定中长期发展计划，说来简单，但很少有人一蹴而就。

看过青蛙在碧绿的荷叶上面优雅地起跳吗？在不断跳跃的过程中，聪明的青蛙总可以准确地落到下一片挺实的叶面上，在最短的距离以最快的速度捕捉到美味的虫子。

我们也是这样。当我们开始铺设职业之路时，同样也需要科学地选择和设定自己的目标顺序，一方面注意寻找新的目标，另一方面不断积累阅历，逐步实现人生发展计划。

 ## 实训项目：自我认知

一、实训概述

【目的及要求】

完成自我的认知是大学生进行职业生涯规划的第一步，本项目的练习目的，在于通过对自我认知训练，全面认识自己的职业价值观、职业兴趣、职业性格特点和职业能力，精确认识自我、纠正自我认知方面的偏差。

二、实训内容

【项目背景】

通过自我认知的各项内容逐渐深入，更好地进行自我认知。认识不足之处，找到提升自我的空间，并做初步的改进。

【训练步骤】

（1）根据书中所列相关测试题，完成职业价值观、职业兴趣、职业性格、职业能力的测定。

（2）完成下列自我认知表。

我的测评结果	我的职业价值观	
	我的兴趣爱好	
	我的性格	
	我所擅长的技能	
本学期个人实践	参与的实践活动	收获与反思（能力形成方面）

续表

自我综合评价		
总结个人长处		
需要改进的方面	改进内容	采用的方法及途径

第三章

职业认知

从前有一天，从外地来了一个疲惫的中年人，他来到一家编辑部门口，这是他在国内来的第五十六家文学刊物。

他挑了一担的诗稿，走进编辑部，诚恳地请主编过目，询问是否能发表。

主编只用一个小时就看完了全部诗稿，然后问："你原来是干什么的？"

那人说："卖鱼的。"

他说："你还是回去做你那份很有前途的职业，继续卖鱼吧，写诗绝非你所能。"

那人问："为什么？"

他告诉那人："你没有做诗的感觉，没有，一点儿也没有。"

那人听罢，紧紧抓住他的手，异常激动："这么多年来，走了很多地方，就等这一句话。可是，我走到哪一个编辑部，他们都不用我的诗，但又都对我说：你努力吧，以后会成功的。我早开始怀疑自己不是这块料，可是他们都不这么说。这世界上只有你是诚实的。我这就回去，一辈子老老实实地卖鱼。"

如果那人在写诗之前，仔细剖析自己是否有写作的才能、什么职业更适合自己的话，那么，他这么多年就不会浪费那么多时间和精力，走了那么多弯路了。

这则广告提示我们：在现实生活中，熄灯想法要比点燃想法容易得多。不少大学生因为面对困难而疑问、担心和失望，最终自暴自弃，导致"灯"完全熄灭。对于即将毕业的大学生，在就业和择业上面临前所未有的压力和挑战。但是，只要"有一个想法，就去做""有一个目标，就去行动，并且坚持到底"，就一定会把"灯"点亮。当前大学生就业状况提示我们，求职就业并不是简单的"找一份工作"，他是一个双向选择的过程：个人要寻找适合自己的岗位，岗位也在寻找最合适的人选。作为求职者，一方面必须了解自己；另一方面必须了解职业，做到知己知彼，才能用最少的实践代价寻找到合适的工作，才能够尽快开始自己的职业生涯。所以，了解自己，了解职业，应该是每一位大学生在毕业之前、求职就业之前必须做的功课。

第一节　职业概述

人的一生中最重要的阶段是在职业中度过的，职业不仅为人们提供了赖以生存的物质基础，也提供了参与社会活动、承担社会义务、获得社会福利的条件。深入了解职业，可以帮助人们树立正确的职业观，使职业发展道路更顺畅。

一、职业的概念

（一）职业的含义

对职业的含义，不同的人、不同的社会有不同的看法和认识。当前从事职业研究的理论工作者们认为，职业是指人们为了谋生和发展而从事的相对稳定、有经济收入、特定类别的社会劳动。这种社会劳动是人们的生活方式、经济状况、教育程度、行为模式和道德情操等的综合反映，是人们所承担的社会责任与义务、所拥有的社会权利的重要体现。

职业是一种社会历史现象，是人类发展到一定阶段的产物，现代意义上的职业，是社会分工的产物，是一种专业化的社会劳动岗位。从国家的角度来看，每一种职业都是一种社会分工；从社会的角度来看，职业是劳动者获得的社会角色，如医生、教师、律师、公务员等；从个人的角度来看，职业则是劳动者"扮演"的社会角色，并为社会承担一定的义务和责任，同时获得相应的收入报酬。

职业的外延包括三层意思：一是有工作，即有事可做，有事可为；二是有收入，即获得工资或其他形式的经济报酬；三是有时间限度，一般规定为不超过全天活动时间的三分之一。

（二）职业的功能

职业是社会分工的产物，存在于组织活动中。职业对个人、组织和社会具有不同的功能。

1. 职业对个人的功能

每一个具备劳动能力的人，在他几十年的职业生涯中，职业有着非常重要的作用。主要表现在以下几个方面：

（1）职业活动为人们提供物质生活的基本条件，是人们赖以生存的手段。

大学毕业生求职就业，经济收入的高低是一个重要的参考依据。大学毕业生在职业生涯开始阶段，主要是寻找适合自己发展的职业方向，积累社会经验，锻炼职业能力，而获取一定的经济收入可以使我们的职业发展有一个较好的基础。

（2）职业能满足人们对社会地位、名誉、权力、成功的需要。

市场经济社会中，个人的成就往往体现在职业生涯之中，职业的成功会给个人带来地位、名誉、权力的满足感。对多数人来讲，职业的成功途径很多，但大体上可以分为两类：一类是技术或业务的途径，不断提升自己的专业能力求得进步；另一类是管理的途径，通过管理梯次不断提升自己。当然还可能有第三条途径，就是自主创业、开创自己的事业。

（3）职业可以促进个人多方面的发展，培养、完善个人的兴趣、个性、特长和能力，使个人发展更全面。

实际表明，能够与职业相结合的个人兴趣会更持久、更深入、更有效；人的个性也会在职业活动中、在与他人的相互联系与合作中不断完善。职业场合是锻炼人的特长和能力的最好场合，往往也是实现个人理想和价值的最好场合。

（4）职业是个人为社会做贡献、提升和实现个人价值的重要途径。

每个人为社会做贡献的方式很多，但从事职业活动是最重要、最稳定的一种，也是将个人利益和社会利益结合最好的一种方式。为社会做贡献越多，个人价值越高。

2. 职业对组织的功能

（1）职业和职业活动构成了组织和组织活动，也可以说，组织活动体现为职业活动，职业活动实现着组织的存在和运转。

（2）职业活动创造出组织的效率和效益，组织成员越是"职业化"，组织越是稳定，其活动就越富有成效。

（3）职业活动创造出组织的社会价值，组织对社会的贡献是由每个组织成员富有成效的职业活动做出的。

3. 职业对社会的功能

职业和职业活动构成了人类重要的社会生活，它是社会存在和发展的基础。

（1）通过职业劳动，生产出社会物质财富和精神财富，构成了社会发展的基础。

（2）职业分工及劳动是构成社会经济秩序及其运行的主要组成部分。

（3）职业的运动和转换推动社会的发展。

（4）职业是维持社会稳定、实现"安居乐业"的基本手段。

（三）职业的特性

1. 职业的多样性和层次性。

随着社会的发展，社会分工越来越细，职业种类越来越多。我国早先就有"三百六十行"之说，现代社会职业更是成千上万种。职业除呈现出多样性的特点之外，还呈现出差异性和层次性。例如，工程技术人员有高级工程师、工程师、助理工程师、技术员，高等院校则有教授、副教授、讲师、助教之分。

2. 职业的专业性和技术性。

每一种职业都需要专门的知识和技能。特定的职业道德品质，只有具备了特定的要求，才能胜任所对应的职业。例如，从事数控机床加工，要有机械制图、机械原理等方面的知识，具备数控机床操作的技能和一丝不苟、精益求精的工作态度。随着科学技术的进步、职业的专业性和技术性要求会越来越高。

3. 职业的连续性和经济性。

一般来说，一个人可能在较长的时间内持续从事某种职业，并通过职业活动获得较稳定的经济收入。职业正是因为具有明显的经济性和连续性，才与人们的社会活动和日常活动紧密地联系在一起。

4. 职业的时代性和潮流性。

职业具有时代性和潮流性，不同时期有不同的热门职业。我国曾出现过"当兵热""从政热"，到"上大学热""考研热"，又发展到"下海热""出国热""外资企业热"等，都反映出特定时期人们对某种职业活动的热衷程度。

从不同的角度分析，职业除了上述特性外，还有社会性和规范性等特性。

二、职业的产生与发展

生产力发展带来职业细分。随着社会科学技术的进步，职业不断发生变化，新的职业不断出现，旧的职业逐渐消失。

（一）职业的产生

职业是人类社会生产力发展到一定阶段的产物，是随着社会分工的产生而出现的。原始氏族社会，人们只能采摘果实，外出打猎，从事原始农业。确切地说，当时还没有真正意义上的职业，因为没有固定从事某项专门工作的人群。

随着人类征服自然能力的提高，社会生产力的逐步发展，人类社会产生了三次大分工。第一次社会大分工是在原始社会后期，畜牧业从原始农业中分离出来，一部分人长期从事打猎的实践活动，开始脱离农业种植劳动，专门从事畜牧业劳动；第二次社会分工是工业从农业中分离出来，当时少数人从事手工业劳动，逐渐脱离了农牧业；第三次社会分工是商人和商人阶层的产生。由于三次社会大分工，便出现了人类社会最初的职业，即农夫、牧人、工匠、商人等。

（二）职业的发展

社会分工的发展决定和制约着职业的发展。科学技术的进步、生产工具的改进、生产的社会化使分工越发达，专业化程度越高，职业门类也越来越多。

社会分工的发展还决定和制约着职业的变化。职业的变化同科学技术与生产力的发展也有一定的关系。科学进步的重要标志是不断有新技术、新工艺和新产品出现，这必然导致职业的新旧更替，并产生新的职业种类。比如，电子科技的发展导致了印刷行业的巨大变革，随着电子计算机汉字激光照排技术的产生和广泛应用，使印刷业逐渐告别铅与火的时代，这必然使铅字的铸造业逐步消亡，取而代之的是汉字录入、照排职业的产生。

随着科学技术的发展，职业对人们的要求也越来越高。人们要获取职业，需要一定的条件和过程，并不是任何一项职业都适合每一个人。每项职业都要求从事的人员具备适当的条件，例如，一定的身体条件、知识和技能、思想品德和心理素质等。同样，每个人的身体、文化、技能、思想、心理素质以及家庭经济情况都不同，对各种不同职业也会有各自的需求与选择，于是就产生了职业对人的选择和人对职业的选择。

三、当代职业发展的新趋势

（一）当代职业发展呈现的新趋势

1. 职业的种类大量增加

职业产生初期，种类少，发展缓慢。因为传统生产技术相对稳定，一项重要的技术发明在生产上的应用往往会持续相当长的一个时期，所以使社会职业也具有相对稳定性。但随着社会的发展以及科技发展的加快，职业种类增加的速度也逐渐加快，当代新兴行业不断涌现，新的职业大量出现。因此，新旧职业更替速度加快。1999 年，劳动和社会保障部组织制定了《中华人民共和国职业分类大典》，该大典将我国职业分为 8 个大类、66 个中类、413 个小类、1 838 个细类。从 2004 年起，国家将根据社会经济发展需要，建立新职业定期发布制度，并不断补充与修订国家职业分类体系。2010 年逐步启动了各个行业的修订工作。2015 年 7 月，颁布了新修订的 2015 版《中华人民共和国职业分类大典》，将中国职业体系划分为 8 个大类、75 个中类、434 个小类，1481 个细类（职业）。新增职业包括"网络与信息安全管理员""快递员""文化经纪人""动车组制修师""风电机组制造工"等，取消职业包括"收购员""平炉炼钢工""凸版和凹版制版工"等。

2. 第三产业职业数量增加

随着科学水平的提高，产业结构的调整，第三产业在国民经济发展中所起的作用越来越大，如金融、商务、传播、物流、卫生、教育、旅游等。第三产业的就业人数不断增加，这是现代社会发展的大趋势。另外，我国加入世贸组织和吸引外资对第二产业的制造业起到了积极的推动作用，所以近年来第二产业的用人需求比重呈上升态势。我国目前第三产业从业者的比例虽然比较低，但发展潜力相当大。

3. 职业活动的内容不断弃旧从新

同样的职业，时代不同，技术方法、工作手段有着天壤之别。例如，工程设计绘图，过去用图纸、丁字尺等，现在用 CAD 技术；机械加工，以前用普通车床，现在用数控车床。一些职业，因新的工作设备和条件变化，对职业内容有了新的要求。如行政工作人员，在以前只要求具备较好的组织协调能力、分析问题解决问题能力、文字能力、口头表达能力等，但现在除要求他们具备上述能力以外，还要求具备社会交往及计算机辅助管理、办公自动化操作能力等。职业的演变提高了对从业者素质、技能的要求。

4. 职业将向高科技化、智能化、专业化方向发展

目前，得到世界各国公认并列入 21 世纪重点开发的领域有：信息技术、航天技术、生物技术、新能源技术、新材料技术和海洋技术等。近年来，我国兴建了一批高新技术产业开发区，出现了一批高新技术公司，建立了一批外资和中外合资高新技术企业。因而，在加快高新技术发展政策的实施过程中，与此有关的职业将得到较快发展。随着科学技术的发展，职业的专业化和复合化程度越来越高。

5. 职业的流动性强

随着社会职业种类的不断增加，职业选择的机会增多，打破了职业的相对稳定性。现代社会职业兴衰演化迅速，职业的更新速度不断加快，导致一个人一生面临职业变化也会越来越频繁。

6. 永久性职业减少

只有少数人能拥有"永久性"的工作，而从事计时、计件或临时性职业的人会越来越多。

7. 绿色职业的可持续发展

最新修订的职业体系中，增加了"绿色职业"标识。在借鉴发达国家经验的基础上，结合我国实际，对具有"环保、低碳、循环"特征的职业活动进行研究分析，将部分社会

认知度较高、具有显著绿色特征的职业标示为绿色职业，这是我国职业分类的首次尝试。旨在注重人类生产生活与生态环境的可持续发展，推动绿色职业发展，促进绿色就业。

绿色职业活动主要包括：监测、保护与治理、美化生态环境，生产太阳能、风能、生物质能等新能源，提供大运量、高效率交通运力，回收与利用废弃物等领域的生产活动，以及与其相关的以科学研究、技术研发、设计规划等方式提供服务的社会活动。2015 版《职业分类大典》共标示 127 个绿色职业，并统一以"绿色职业"的汉语拼音首字母"L"标识，如环境监测员、太阳能利用工、轮胎翻修工等职业。

（二）本世纪部分热门职业与紧缺人才预测

（1）计算机软件职业。

（2）电子通信职业。

（3）现代制造业。

（4）广告、房地产、建筑及装饰技术职业。

（5）金融、证券、投资、保险业。

（6）医疗保健职业。

（7）环境保护类职业。

（8）法律类职业。

（9）信息咨询与服务业。

（10）经纪、代理类职业。

（11）商业策划、市场营销类职业。

（12）文化休闲与旅游业。

（13）现代制造业的经营管理和工程技术人才。

（14）生物工程技术人才。

（15）现代农业科技人才。

（16）咨询、策划人才。

（17）国际贸易和外语人才。

（18）教育工作者。

（19）法律工作者。

（20）传媒与出版业人才。

四、职业声望

职业声望是指人们对职业的社会贡献及其社会地位（如权力、工资、晋升机会、发展前景等）的一种主观评价。不同国家和不同民族由于经济发展水平及其传统文化的差异，对职业声望的评价也有所不同。

职业声望最早是由社会学家马克斯·韦伯提出，他认为社会分层应该从财富、权力和声望三个方面进行考察。所谓的职业声望是指"人们对某种职业社会地位高低的看法"，是

"社会舆论对一种职业的评价"。广义的职业评价，包括该职业的收入水平、晋升机会以及对社会的贡献(意义) 等因素。

1. 职业声望的测量

评价社会地位的三个维度有财产地位(经济地位)、权力地位和声望地位。比较而言，财产地位和权力地位的认定要容易一些，因为它们都有比较明确的客观指标。声望地位的确认则因为涉及主观的评价而较为复杂。

职业声望测量一般采用以下方式：列出一些职业让被调查者按主观感觉的声望高低程度进行等级排序，研究人员再根据被试排序的结果赋予相应的分值。然后计算出每个职业的声望得分，再根据得分高低排列种类职业的声望等级，由此观察声望分层的基本规则。

1897 年美国的 G. 亨特在研究美国的职业地位时，将全部职业划分为四个等级，这是最早开展的职业声望研究。1925 年，G. 康茨第一次使用他自己编制的职业声望量表，对美国的职业声望进行调查。自此以后，西方社会学界关于职业声望的研究逐渐多起来，并发展出许多职业声望测量技术。第二次世界大战后，对职业声望进行经常性调查，在许多西方国家已成惯例。

我国职业声望的测量始于 20 世纪 80 年代初期，主要是对北京、广州居民的职业声望调查，另有关于科学家职业声望的探讨。国内职业声望调查多采用较为简单的测量方法：列出几十类职业，让被调查者评价，并赋予分值，计算出各个职业的平均得分。这种方法的缺点是测量的职业种类不能太多，于是有人设计出分组职业声望测量法。

2. 职业声望的影响因素

影响职业声望的因素有很多，主要影响因素有以下几点：

(1) 职业环境。包括职业的自然环境和社会环境如工作的技术条件、空间环境、劳动强度、工资收入、福利待遇、晋升机会等；它是任职者所能获得的工作条件与社会经济权利的总和。

(2) 职业功能。是该职业对国家的政治、经济、科学、文化水平的意义以及在社会生活中对人们的共同福利所担负的责任。

(3) 任职者素质。如文化程度、能力、道德品质等；职业环境越好，职业功能越大，对任职者素质要求越高，职业声望就越高。

(4) 社会报酬。职业的社会报酬是指职业提供给任职者的工资收入、福利待遇、晋升机会、发展前景等。一般来说，工作收入高、福利待遇好、晋升机会多、发展前景大的职业，其声望评价也较好。

职业声望在一定时期具有相对稳定性，但在不同社会经济发展阶段、不同经济文化背景的群体和不同年龄性别的群体对同一职业的评价也会存在明显差别。

3. 职业声望的稳定性

职业声望的高低和认可程度并不是固定不变的，在不同的社会发展时期，以及不同的文化环境和职场群体中，职业声望往往是不同的，主要表现在以下三点：

(1) 在不同的社会发展阶段，人们对同一种职业的评价往往并不相同。比如在 20 世纪六七十年代，军人这个职业声望在国内非常高，许多女孩都以当军嫂为荣。而如今，一个成功的企业家，公司 CEO 可能具有很高的职业声望，而那些登上财富榜的企业家往往更是备受瞩目。

（2）具有不同经济文化背景的群体，对同一职业的评价不同。比如，文科专业的大学毕业生希望从政，或者当教授、学者，这些职业在他们心目中具有极高的社会声望；而一些理工科的大学毕业生，则希望从事科学研究或工程技术领域，希望在科技行业成为顶尖的工程师，甚至还有的希望成为建筑设计师、金融家等；另外一些艺校毕业生，则渴望成为影视明星，作为它们的理想职业。

（3）不同年龄和性别的群体，对同一职业的评价也存在差异。比如，我们在小学时代希望自己长大当个科学家，当个宇航员，或者音乐家、画家，而长大后，我们却希望当个教师，当个软件开发师，甚至当一名烹饪师，职业声望随着不同的年龄阶段出现变化。

4. 职业声望与职业地位的关系

职业声望是人们对职业社会地位的主观评价。职业地位是由不同职业所拥有的社会地位资源所决定的，但是它往往通过职业声望的形式表现出来。职业地位是由不同职业所拥有的社会地位资源所决定的，但是它往往通过职业声望的形式表现出来。没有职业地位，职业声望无从谈起；而如果没有职业声望，职业地位高低也无法确定和显现，人们正是通过职业声望调查来确定职业地位的高低。

阅读资料

2019 年官方部门发布的 13 个新职业

2019 年，人力资源社会保障部、国家市场监管总局、国家统计局正式向社会发布 13 个新职业信息。立即引起了大家的广泛关注。与传统的职业相比，这些新兴的职业岗位，很快成为具有相当高的社会声望的职业，也将成为广大毕业生择业、就业的职业"新宠"。那么，这 13 个新职业都是干什么的？它们对应哪些专业呢？

01 人工智能工程技术人员

人工智能，简称 AI，通俗地说就是让机器模拟人类的思维、行为来处理问题。人工智能技术已经在实践中有所应用，例如，12306 网络购票系统能判断你输入的图片验证码是否正确；再比如，我国自主研发的无人驾驶汽车已经在马路上完成驾驶实验。人工智能工程技术人员指的是从事相关技术研究开发的工程技术人员。

对应专业：人工智能

人工智能是一个典型的交叉学科，涉及数学、心理学、神经生理学、信息论、计算机科学、哲学和认知科学、不定性论以及控制论等多种学科知识。尤其和计算机科学、信息学、数学关联性最强。所以，想要在人工智能方向有所发展的学生，都需要具备很好的数学基础，并且具备扎实的计算机信息知识功底。

02 物联网工程技术人员、物联网安装调试员

物联网，简单来说，就是让物体和物体通过网络互相连接的技术，这项技术已经在我们日常生活中广泛应用。例如，日常生活中的各种智能家电，比如能用手机远程控制的电饭

锅、摄像头。再如，不少人穿戴着的智能手环手表，能记录日常生活中的锻炼、睡眠等实时数据，并将这些数据与手机同步。

对应专业：物联网工程

学生需要学习包括计算机系列课程、信息与通信工程、模拟电子技术、物联网技术及应用、物联网安全技术等几十门课程，同时还要打牢坚实的数学和物理基础。另外，优秀的外语能力也是必备条件，因为目前物联网的研发、应用主要集中在欧美等国家，学生需要阅读外文资料和应对国际交流。

03 大数据工程技术人员、云计算工程技术人员、数字化管理师

从屡次打败世界顶级围棋手柯洁的 AlphaGo，到智能家具、智能导航，再到网购软件的"猜你喜欢"，抖音推荐小视频等这些"智能"背后，靠的是大数据运算学习的强力支撑。

对应专业：数据科学与大数据技术

数据科学与大数据技术专业强调交叉学科特点，以大数据分析为核心，以统计学、计算机科学和数学为三大基础支撑性学科，培养面向多层次研究、应用需求的高级人才。经过四年学习，学生可以掌握大数据相关的统计、计算机、数学和应用学科的基础知识，以及数据分析、技术开发和应用的基本技能。

04 建筑信息模型技术员

建筑信息模型技术员是指利用计算机软件进行工程实践过程中的模拟建造，以改进其全过程中工程工序的技术人员。

对应专业：建筑工程管理专业

由于偏重设计，建筑学专业带有技术和艺术相结合的特点。建筑学学科知识体系综合了工程技术、人文社科与艺术设计等领域。学习该专业不仅要熟悉中西方建筑史，掌握现代设计技术，还要像美术生一样学习绘画。

05 电子竞技员、电子竞技运营师

电子竞技员是指从事不同类型电子竞技项目比赛、陪练、体验及活动表演的人员，而电子竞技运营师是电竞行业的活动组织者和内容运营者。

电子竞技员主要工作任务包括 5 项：参加电子竞技项目比赛；进行专业化的电子竞技项目训练活动；收集和研究电竞战队动态、电竞游戏内容，提供专业的电竞数据分析；参与电竞游戏的设计和策划，体验电竞游戏并提出建议；参与电竞活动的表演。

由于职业选手淘汰率高，大部分电竞人并不会成为竞技选手，而是更多地进入赛事服务行业。在业内人士看来，相比万众瞩目的电竞职业选手，目前产业更需要的是电竞赛事中的"配角儿"。电竞教育的课程安排，主要以服务型人才培养为主，满足目前行业的岗位需求。

06 无人机驾驶员

无人机驾驶员指的是通过远程控制设备，驾驶无人机完成既定飞行任务的人员。无人机技术应用于影像航拍、灾害救援、国土测绘与调查等领域。

对应专业：无人机应用技术

无人机应用技术是一个专科专业，学制三年，主要培养学生无人机原理及装配、检修、驾驶操控、数据处理等方面的相关知识和实践技能。

07 农业经理人

农业经理人是组织农民进行农业生产的管理人员，向农民提供设备作业、技术支持、产品加工与销售等服务。

本科专业：农业、经济管理类专业

硕博专业：农业经济管理

这是一个较为高级的管理类岗位，不仅要对农业生产有所了解，还要懂得经济管理方面的知识，应届生只学习某一个本科专业，未必能担此重任。

08 工业机器人系统操作员、工业机器人系统运维员

这两个职业主要工作是对工业机器人、工业机器人工作站或系统进行装配、编程、调试或运营维护，使之正常运转。

相对应的专业：工业机器人技术

这是一个专科专业，要求学生通过三年的学习，能够掌握一般工业机器人的结构、运动原理等基本知识，掌握机器人的安装调试、编程操作、维护与维修的技能，并具有良好的实际生产水平，满足工业机器人应用的技能要求。

站在社会经济发展的"风口"，大批新职业应运而生，越来越多的高校也启动了人才培养计划，以填补百万级的人才缺口。

第二节　职业的分类

一、职业分类的概念及作用

职业分类是采用一定的标准和方法，依据一定的分类原则，对从业人员所从事的各种专门化的社会职业进行全面、系统的划分与归类。我国职业分类是以工作性质的同一性为基本原则，对社会职业进行的系统划分与归类。所谓工作性质，即一种职业区别于另一种职业的根本属性，一般通过职业活动的对象、从业方式等的不同予以体现。需要说明的是，对工作性质的同一性所作的技术性解释，要视具体的职业类别而定。

职业分类是一个国家形成产业结构概念和进行产业结构、产业组织及产业政策研究的基础，对于社会各个行业的发展有着十分重要的意义，任何一个国家的职业分类都影响并制约着其国民经济各部门管理活动的成效。首先，它是劳动力社会化管理的基础。其次，现代职业分类是教育培训与就业工作的基础。最后，现代职业分类为国民经济信息统计和人品普查提供服务。

二、职业分类的基本依据和方法

任何一个国家的职业分类都是建立在一个分类结构体系之上的，针对体系中的每个层次，依据不同的原则和方法，才能实现总体结构的职业划分与归类。

根据国际职业分类的通行做法，职业分类一般划分为大类、中类、小类、细类四个层次。大类层次的职业分类是依据工作性质的同一性，并考虑相应的能力水平进行的；中类层次的职业分类是在大类范围内，根据工作的任务与分工的同一性进行的；小类型层次的职业分类是在中类的范围内，按照工作的环境、功能及相互关系的同一性进行的；细类层次的职业分类即为职业的划分和归类，它是在小类的基础上，按照工作分析法，根据工艺技术、对象、操作流程和方法的统一性进行的。

职业分类的基本方法是工作分析法。职业分类工作分析法是将任何一种职业活动依据其工作的基本属性进行分析，按照工作特征的相同与相异程度进行职业的划分与归类。

国家职业标准是在职业分类的基础上，根据职业（工种）的活动内容，对从业人员工作能力水平的规范性要求。它是从业人员从事职业活动，接受职业教育培训和职业技能鉴定以及用人单位录用人员的基本依据。国家职业标准由国家人力资源和社会保障行政主管部门组织编制并颁发。

职业分类与职业选择、就业咨询、就业指导之间有着密切的联系。高校毕业生与用人单位在就业市场进行"双向选择"，实际上就是求职者选择职业和职业选择求职者的过程。因此，对于高校毕业生来说，不了解职业的种类及分类的依据，不了解职业对于劳动者素质的不同要求，就很难做出正确的择业决策。

三、我国的职业分类

在职业分类中，产业、行业与职业三者之间存在着归属关系，其中，不同产业相应地包含着各种行业，不同的行业也相应地包含着各种职业。

产业是国民经济中最基本的分类。按照国际上通行的原则，一个国家的国民经济都可以划分为三大产业：第一产业包括农业、林业、畜牧业、渔业和矿业；第二产业包括机械制造业、加工业和建筑业；第三产业指广泛的服务业（除第一、第二产业以外的其他各业），包括流通部门，如交通运输业、邮电通信业、批发零售贸易业等；为生产服务的部门，如综合技术服务和信息咨询服务等单位；为居民生活服务的部门，如旅馆、理发店、餐饮业、生活用品修理部等单位；为提高居民文化和身体素质服务的部门，如学校、医院、体育馆，电影院等单位；为社会管理服务的部门，如国家各级行政机关、社团组织等。行业是指从事相同性质的经济活动的所有单位的集合。行业是根据经济活动的同质性原则划分的，即每一个行业类别都按照同一种经济活动的性质划分。

我国于 1984 年颁布《国民经济行业分类和代码》，把我国国民经济分为 13 个门类，1994 年、2002 年分别进行了修订，2017 年颁布了新的《国民经济行业分类》国家标准。由国家统计局牵头修订的新标准，按照国际通行的经济活动同质性原则划分行业，立足于中国国情，考虑与国际标准的兼容，充实了第三产业。

根据我国的具体国情，新标准将国民经济行业划分为门类、大类、中类和小类四级，共有 20 个行业门类，97 个大类，473 个中类，1380 个小类。

下面仅列出 20 个行业门类。

农、林、牧、渔业：包括农业、林业、畜牧业、渔业以及农、林、牧、渔服务业五大类。

采矿业：包括煤炭开采和洗选业、石油和天然气开采业、黑色金属矿采选业、有色金属矿采选业、非金属矿采选业、开采辅助活动、其他采矿业七大类。

制造业：包括农副食品加工业，食品制造业，酒、饮料和精制茶制造业，烟草制品业，纺织业，纺织服装、服饰业，皮革、毛皮、羽毛及其制品和制鞋业，木材加工和木、竹、藤、棕、草制品业，家具制造业，造纸和纸制品业，印刷和记录媒介复制业，文教、工美、体育和娱乐用品制造业，石油加工、炼焦和核燃料加工业，化学原料和化学制品制造业，医药制造业，化学纤维制造业，橡胶和塑料制品业，非金属矿物制品业，黑色金属冶炼和压延加工业，有色金属冶炼和压延加工业，金属制品业，通用设备制造业，专用设备制造业，汽车制造业，铁路、船舶、航空航天和其他运输设备制造业，电气机械和器材制造业，计算机、通信和其他电子设备制造业，仪器仪表制造业，其他制造业，废弃资源综合利用业，金属制品、机械和设备修理业31大类。

电力、热力、燃气及水生产和供应业：包括电力、热力生产和供应业，燃气生产和供应业，水的生产和供应业三大类。

建筑业：包括房屋建筑业、土木工程建筑业、建筑安装业、建筑装饰和其他建筑业四大类。

批发和零售业：包括批发业和零售业两大类。

交通运输、仓储和邮政业：包括铁路运输业、道路运输业、水上运输业、航空运输业、管道运输业、装卸搬运和运输代理业、仓储业、邮政业八大类。

住宿和餐饮业：包括住宿业和餐饮业两大类。

信息传输、软件和信息技术服务业：包括电信、广播电视和卫星传输服务、互联网和相关服务、软件和信息技术服务业四大类。

金融业：包括货币金融服务、资本市场服务、保险业和其他金融业四大类。

房地产业：包括房地产业大类。

租赁和商务服务业：包括租赁业和商务服务业两大类。

科学研究和技术服务业：包括研究和试验发展、专业技术服务业、科技推广和应用服务业三大类。

水利、环境和公共设施管理业：包括水利管理业、生态保护和环境治理业、公共设施管理业三大类。

居民服务、修理和其他服务业：包括居民服务业，机动车、电子产品和日用产品修理业，其他服务业三大类。

教育：包括教育大类。

卫生和社会工作：包括卫生和社会工作两大类。

文化、体育和娱乐业：包括新闻和出版业，广播、电视、电影和影视录音制作业，文化艺术业，体育，娱乐业五大类。

公共管理、社会保障和社会组织：包括中国共产党机关，国家机构，人民政协、民主党派，社会保障，群众团体、社会团体和其他成员组织，基层群众自治组织六大类。

国际组织：包括国际组织大类。

在上述行业分类的基础上，劳动部修订了我国的"职业分类大典"，我国职业分类的总体结构分为大类、中类、小类和细类（职业）四个层次，依次体现为由粗到细的职业类别。细类作为我国职业分类结构中最基本的类别，即职业。根据我国国民经济发展现状，借鉴国际标准职业分类体系，《中华人民共和国职业分类大典（2015 版)》将我国职业归为 8 个大类，75 个中类，434 个小类，1 481 个细类（职业），如表 3 – 1 所示。

表 3 –1　职业的分类

类　　　　别	中　类	小　类	细　类
第一大类：党政机关、国家机关、群众团体和社会组织、企事业单位负责人	6	15	23
第二大类：专业技术人员	11	120	451
第三大类：办事人员和有关人员	3	9	25
第四大类：社会生产服务和生活服务人员	15	93	278
第五大类：农、林、牧、渔业生产及辅助人员	6	24	52
第六大类：生产制造及有关人员	32	171	650
第七大类：军人	1	1	1
第八大类：不便分类的其他从业人员	1	1	1

大类是职业分类中的最高层次。大类的划分是以工作性质的同一性为主要依据，并考虑我国管理体制、产业结构的现状与发展等因素，将我国全部社会职业大致分为管理型、技术型、事务型、技能型等八大职业类别。第七类和第八类不再进行下一层次的划分。每一大类的内容包括大类编码、大类名称、大类描述、所含中类的编码和名称。

四、国外的职业分类

社会分工是职业分类的依据。在分工体系的每一个环节上，劳动对象、劳动工具以及劳动的支出形式都各有特殊性，这种特殊性决定了各种职业之间的区别。

世界各国国情不同，其划分职业的标准有所区别。根据西方国家一些学者提出的理论，在国外一般将职业分为如下类型：

（1）按脑力劳动和体力劳动的性质、层次进行分类。

这种分类方法把工作人员划分为白领工作人员和蓝领工作人员两大类。白领工作人员包括：专业性和技术性的工作，农场以外的经理和行政管理人员、销售人员、办公室人员。蓝领工作人员包括：手工艺及类似的工人、非运输性的技工、运输装置机工人、农场以外的工人、服务性行业工人。这种分类方法明显地表现出职业的等级性。

（2）按心理的个别差异进行分类。

美国霍普金斯大学心理学教授、著名的职业指导专家约翰·L. 霍兰德（John

L. Holland）根据"人格—职业"类型匹配理论，将职业划分为六种基本类型。

①现实型。主要是指熟练的手工和技术工作。通常指运用手工工具或机器进行的工作，在西方常被称为"蓝领"职业。例如木匠、鞋匠、锁匠、产业工人、运输工人（司机）等。

②研究型。主要指科学研究和试验工作。从事这些工作的人，包括研究自然界和人类社会是怎样构成和发展变化的工作人员。科研人员（包括自然科学和社会科学）就属于这类职业。

③艺术型。指艺术创作类工作。从事这些工作的人们用语言、音响、动作、色彩等创造艺术工作。作家、音乐家、舞蹈演员、摄影师、书画家、雕塑家等各类文艺工作者都属于这类职业。

④社会型。指为人办事的工作，即教育人、医治人、帮助人、服务人的工作。例如，教师、医生、护士、服务员、家庭保姆等。

⑤企业型。指那些劝说、指派他人去做某事的工作。例如，国家机关及工作机构的负责人、党员干部、经理、厂长、律师、工业顾问、推销员等。

⑥常规型。通常指办公室工作，即与组织机构、文件档案和活动安排打交道的工作。例如，办公室办事员、图书管理员、统计员、银行出纳员、商店收款员、邮电工作人员等。

第三节　专业学习与职业发展

专业学习与职业发展是连续的过程，职业发展是专业学习在岗位上的体现，专业学习为职业发展做准备。为了使专业学习与职业发展更好地衔接，大学生在大学期间应该以职业发展为目标制订合理的专业学习计划，注重能力的自我培养和身心素质的提升。

一、专业概述

（一）专业的含义

当代世界绝大多数高等学校从性质上看，实施的都是专门教育，即根据学术门类划分或职业门类划分，将课程组合成不同的专门化领域。在我国，将这些不同的组合称为"专业"。专业是高等学校根据社会分工需要和学科体系的内在逻辑而划分的学科门类。按专业设置组织教学，进行专业训练，培养专门人才是现代高校的特点之一。

（二）专业的形成

早在中世纪，大学里就开始分专业进行教学，只是中世纪大学的专业与今天的专业相比更加宽泛，往往是以一级学科为专业，如医学、法律、神学等。从一级学科发展到二级、三级学科为专业，其间经历了一个漫长的发展过程，其中既有学科发展方面的因素，也有社会分工方面的影响。

专业的形成有其内在必然性。专业的出现是以一定的社会分工为前提的，同时，专业的出现与自然科学、社会科学的不断分化与综合的趋势有着非常密切的联系；此外，专业的缘起还与高等教育自身的发展密切相关。

（三）专业设置的指导思想及专业划分的原则

高等学校专业设置的指导思想是：以服务为宗旨，以就业为导向，充分体现高校办学特色，具体体现在职业性与学科性相结合；专业的划分实行"以职业岗位群或行业为主，兼顾学科分类"的原则，合理性与科学性相结合；实行"宽窄并存"的原则，灵活性与稳定性相结合。具体来说，专业设置的指导思想与原则应遵从以下几点：

（1）经济社会发展需要从人才培养规律出发。

（2）从学科、专业本身的发展变化的现实出发。

（3）要从实际出发，随时调整专业结构。

（4）要按学科基础或服务对象的范围划分专业。

（5）专业的范围应有较宽广的覆盖面。

（6）专业设置要考虑布局的合理性。

（7）专业设置应考虑学校的办学条件。

（四）专业设置的依据

职业分类并兼顾学科分类是高等教育设置专业的重要依据。专业的划分既以一定的社会分工为前提，又与一定的学科基础相对应。因此，专业设置既要根据现代科技的发展特点，又要依据一定的经济社会的阶段特征。我国高等学校本科教育专业设置按学科门类、学科大类（一级学科）、专业（二级学科）三个层次来设置。学科门类则主要用于授予学位（学士、硕士、博士）。

目前，中国普通高等学校本科专业分为哲学、经济学、法学、教育学、文学、历史学、理学、工学、农学、医学、军事学、管理学和艺术学 13 大门类，每大门类下设若干一级学科，如理学门类下设数学、物理、化学等一级学科。学科门下设一级学科，共有 110 个一级学科（不含军事学）。一级学科下设二级学科，共有 375 个二级学科。中国大学学科专业，每个专业都有十几门专业课程。其中的专业，还分为基本专业和特设专业，并确定了几十种专业为国家控制布点专业。

特设专业是针对不同高校办学特色，或适应近年来人才培养特殊需求设置的专业。特设专业往往是一些新兴的、具有广阔发展潜力的专业。比如：金融数学、经济与金融、电子信息科学与技术、数据科学与大数据技术等专业都是特设专业。

国家控制布点专业是为了控制学生数量，跟社会需求也有一定关系，这些专业一般都是专业性特强的专业，社会需求也比较狭隘，所以需要控制。比如：金融学、法学、航海技术、轮机工程、临床医学等专业都是国家控制布点专业。

随着社会的变迁，职业也呈现出新的时代特点。科学技术的发展，科技含量的提高，对劳动者的科技素质提出了越来越高的要求；改变了职业活动的内涵，职业活动中体力劳动的比重减少，脑力劳动的比重日益增加，加快了职业的新陈代谢，新职业不断产生，旧职业不断衰退。专业设置坚持现实性与前瞻性相结合，既适应我国当前经济发展和劳动力市场需要，又适应超前预见未来经济发展和职业变化的需要。解决就业问题的基础环节是专业设置要适应市场要求。专业设置应瞄准经济与产业结构调整的走向，在科学调研的前提下，组成由行业、企业、学校参加的专业指导委员会，对产业发展前景进行分析，对人才需求进行预测。学校教育的长周期、迟效益特征决定了它往往滞后于社会对人才的需求，因此，把握社会发展方向，科学预测未来职业发展趋势，在此基础上设置专业就成为学校服务社会、服务学生的必然要求。

二、专业学习的重要性

在现代社会里，一个人不经过专业学习，不掌握一定的专业知识和技能，就很难就业，更谈不上实现职业理想。因此，对每个同学来说抓住在校学习的机会，搞好专业学习，完成学业要求，对实现职业生涯规划具有重要的意义。

（1）学好专业是顺利就业的必备条件。因此，无论在什么岗位上，没有一定的专业知识和专业技能，都无法履行岗位职责，完成工作任务，如学习制造类机械专业的毕业生看不懂图纸，不会使用量具；学习电气专业的毕业生不会使用仪器、仪表，看不懂电气设备图，又怎么能胜任工作呢？非但如此，还可能因专业知识的匮乏和技能的欠缺而造成重大的损失。

在就业竞争日趋激烈的形势下，只有具备扎实的专业知识和过硬的专业技能，才能在就业竞争中占有优势，为顺利就业创造有利条件，为成功从业铺平道路，为创造优异业绩做好积淀。

（2）学好专业是实现职业生涯目标、人生价值的基础。只有学好专业，完成学业，才能找到与专业相应的职业，并在职业舞台上，灵活运用专业知识，充分发挥专业特长，出色完成工作任务，提高工作效率，这些正是一个人职业生涯发展的基础，也是实现职业生涯目标和人生目标的基础。

三、专业学习计划

专业学习计划包括学校和院系统一设置的专业学习计划（含有专业设置、课程安排、学时学分比重等）和学生个人的专业学习计划（即学生根据学校和院系的专业计划以及个人的特点设定一套符合自己专业学习需求的计划），在这里，专业学习计划主要指个人的专业学习计划。在大学的专业学习中，制订缜密科学的专业学习计划对一个人学习成功是十分重要的。科学合理的专业学习计划不仅能提高学习效率，有效地提高专业学习成绩，而且能磨炼个人意志，锻炼个人的个性品质，进而使自己的综合素质得到全面提高。

（一）专业学习计划的内容

个人的专业学习计划应当包括以下三个方面的内容：

1. 明确的专业学习目标

它是指学生通过专业学习达到预期的结果，在专业基本理论、基本知识和基本技能方面达到的水平，在专业能力方面和实际应用方面达到的目标等。

2. 科学合理的进程表

进程表是指学习时间和学习进度安排表，包括三个层次：一是总体学习时间和学习进度安排表，即大学期间如何安排专业学习进程。二是学期进程表，可以把一个学期的全部时间分成三个部分：学习时间、复习时间、考试时间。分别在三个时间段内制订不同的学习进程表。三是课程进度表，是大学生在每门课程中投入的时间和精力的体现。大学生不应该把可利用的时间平均分配到各门课程中，而是要根据学习基础、学习能力、学习意向、各门课程的难易程度等来安排时间，重点课程、难度较大的课程、与专业目标结合紧密的课程时间安排要多些，反之则可以安排时间少一些。

3. 完成计划的方法和措施

该方法和措施主要指学习方式。学习方式的选择需要考虑许多因素：学习基础、学习能力、学习习惯、学科性质、学校能够提供的支持服务、学生能够保证的学习时间等，还要遵循学习心理活动特点和学习规律以及个人的生理节律等。学生要综合考虑以上因素，因时因情而异地选择合适的学习方式。科学合理的专业学习计划有利于大学生更好地完成学业，不合理的专业学习计划很难长时间落实，经常半途而废。

（二）专业学习计划的要求

1. 全面合理

计划中除了有专业学习时间外，还应有学习其他知识的时间和进行社会工作、为集体服务的时间；有保证休息、娱乐的时间。计划中不能只有学习、吃饭、睡觉，要是这样的计划就是片面的、不科学的。

2. 长时间短安排

在一个较长时间内，究竟干些什么，应当有个大致计划。比如，一个学期、一个学年应当有个长计划。但实际学习时变化很多，往往又难以预测，因此长计划不可太具体。但下个月或下个学期要解决什么问题，应心中有数，而第一星期干什么要具体些，每天干什么应当更具体。这样把一项较大的任务分配到每周、每天去完成，使长计划中的任务逐步得以实现。

3. 要重点突出

学习时间是有限的，而学习的内容是无限的，所以必须有重点，要保证重点，兼顾一般。所谓重点：一是指自己学习中的薄弱学科；二是指知识体系中的重点内容；三是与专业学习目标相关的内容。制订计划时，一定要集中时间、集中精力攻克重点。

4. 脚踏实地

有些大学生制订专业学习计划时满腔热情，想得很好，可行动起来，寸步难行，这是目标定得太高、计划订得太死、脱离实际的缘故。这里说的实际是指：一是知识能力的实际，每个阶段，在计划中要接受消化多少知识，要培养哪些能力。二是指常规学习时间与自由学习时间各有多少。三是"债务"实际，对自己在学习上的"欠债"情况心中有数。四是教学进度的实际，掌握教师教学进度，就可以妥善安排时间，不至于使自己的计划受到"冲击"。

5. 适时调整

每一个计划执行结束或执行到一个阶段，就应当检查一下效果如何。如果效果不好，就要寻找原因，进行必要的调整。检查的内容应包括：计划中规定的任务是否完成，是否按计划去做，学习效果如何，没有完成计划的原因是什么，什么地方安排得紧，什么地方安排得松。通过检查后，再修订专业学习计划，改变不科学、不合理的地方。

6. 一定的灵活性

计划终归不是现实，具有一定的可能性。把计划变成现实，还需要经过较长的一段时间。在这个过程中会遇到许多新问题、新情况，所以计划不要太满、太死、太紧，要留有机动时间，使计划有一定的机动性、灵活性。

四、专业与职业的对应关系

（一）职业群

由于社会的分工，人们从事着不同的职业。在国民经济建设不同的产业、行业领域中，有成千上万种不同的职业；学校所设置的专业是学业分类，它是从学科与技术的角度进行划分。所以，专业和职业既有区别，又密切相连。

一个具体的专业，它与职业有对应关系，可以是一个职业岗位，但更多的情况是，一个专业对应的是一个职业岗位群（或职业领域）。职业岗位群一般由工作内容、社会作用、基本技能要求相近，从业者所应该具备的素质接近的若干个职业岗位而构成。如机械设计与制造专业，毕业生所对应的职业岗位群有：机械设计、加工工艺制定、工艺装备设计、CAD/CAM 等工程软件应用、数控编程、数控机床操作及技术管理等；电气自动化技术专业，毕业生所对应的职业岗位有：电气藏气自动化系统的安装、调试、改造及技术管理，变配电系统设备的运行、维修、安装、调试及部分设计工作，工业自动化系统营销等；计算机应用技术专业，毕业生所对应的职业岗位群有：企业、商贸、财经、金融、党政团体等单位从事计算机维护、修理，数据库编程，网络安装与使用，多媒体制作，计算机经营等。

不管什么专业，学校在制订专业教学计划时都要明确该专业毕业生的就业方向（或职业岗位群）。

（二）增强职业意识

大学生经过专业学习和训练，完成学业后，就会选择职业进入企业、公司。所以，在校学习期间，应该增强职业素质，熟悉与自己所学专业对应的职业群，及时关注相应职业或职业群的变化情况，了解与自己所学专业相关所需要的职业资格证书并获取相关的职业资格证书。

（三）专业设置与社会需求

随着高等教育大众化时代的到来，"上大学就意味着找到好工作"的时代已经随着高等教育精英时代的结束而结束。在专业设置上既要适应教育的外部环境把专业置于整个经济社会的大循环的动态系统中去考察，又要遵循教育的内部规律，符合学科发展需要和人才培养规律，因此教育自身所要求的人才培养有一定的超前性。有的专业从无到有，蓬勃发展，有的专业辉煌一时、日渐衰落。专业调整除受到国家宏观调控之外，其兴衰变化，更多的是由市场需求和职业发展前景所决定。

在高等教育大众化时代，大学生只是一种优秀的社会人力资源，职业对大学生要求越来越精细、越来越挑剔。大学生除了按教学计划学好专业外，提高职业适应性显得更为重要。因此，在校期间，大学生必须根据职业发展需要，选择主修专业和辅修专业，合理安排学习计划，积累适应个人职业发展需要的专业技能，增强自身的就业竞争力。

（四）专业与职业的对应

大学学习的专业和现行的社会职业往往是紧密联系在一起的。没有职业岗位的需求，大学的专业就相当于无源之水，无本之木。那么，专业与职业的关系是什么？一个专业对应一个具体的职业吗？我们根据经验，可以将专业与职业的对应关系概括为以下三种：

1. 一对多

即一个专业对应多个职业。通常每一综合性学科专业，都具有较为宽广的职业范围。这类专业一般在大学里面学习的内容比较宽泛，专业性、技术性相对来说低一些，所以，毕业之后，可以选择的职业比较多。但这并不意味着就业比较容易，如果想要更好的就业，需要结合本专业所学知识，另外结合自己的职业规划，有针对性地学习一些职业技能，自己本身的宽专业加上自己的独特技能，毕业之后的竞争力会大大提升。这类专业包括哲学、历史、中文、经济学等专业。例如经济学毕业之后，可以从事新闻记者、高校教师、企业管理等工作。

2. 多对一

即大学里面的很多个专业，毕业之后都可以从事一个相同的职业。比如新闻专业、中文专业、经济学专业等，毕业之后都可以从事记者这个职业。这种职业往往专业技术含量不是特别高，这也造成了许多有相关性的专业都可以对应到这个职业上面，但是这类职业，可能更加需要个人的领悟能力和在实践中学习的能力，所以在具体工作的过程中，应结合自己的专业知识，不断总结经验，提高技能。

3. 一一对应

即一个专业对应一个职业。这种情况在专科高职中比较常见，在大学里面所学专业的技术性比较强，可以说，就是为了专门培养某一个职业的学生而专门设置的专业。比如，想当厨师就学厨师专业。在这种情况下，就要先有目标，然后再找路线。总之，大学毕业生除了兴趣之外，往往会从自己的专业相关性最大的职业方向进行就业择业。

那么，大学里所学的专业与当下的职业怎样匹配呢？这里通过专业与职业对照表（表3-2）粗略地进行相关性对应，给大家一个直观的认知。

表 3－2　大学专业与职业岗位对应表

专业门类	基本专业	社会单位	职业岗位
哲学	哲学、逻辑学、宗教学	教育机构、宗教机构、社科研究院、行政管理	科目教师、宗教管理者、心理学专家、企事业政策规划员、心理健康顾问等
经济学	经济学、财政学、金融学、国际经济与贸易等	企业单位、金融机构、银行机构	经济预测员、操盘手、营销人员、银行职员、证券或基金管理人员
法学	法学、政治学、社会学、民族学、公安学等	司法机构、法务部门、律师事务所	检察官、法官、行政机关公务员、律师、法律顾问等
教育学	教育学类、心理学类、体育学类	教育机构、培训机构、企业、私人雇佣	教师、体育队队员、体育教练、健身教练、私人保镖、武打演员或武术指导等
文学	中国语言文学、外国语言文学、新闻传播学等	教育机构、新闻出版单位、杂志社、电视广播台、企事业宣传部门等	语文教师、出版社或杂志编辑、记者、主持人、宣传人员、文秘、翻译者、科研人员、专职作家等
历史学	考古学、文物与博物馆学、文物保护等	教育机构、档案馆、博物馆、人文景点等	历史教师、历史研究员、考古专家、文物修复员、导游、古玩与书画鉴定师等
理学	数学、化学、物理学、天文学、地理学等	科研部门、高等院校、气象部门、勘测部门	理科各科教师、科学研究者、气象测量员、地质勘测员、物理学家、天文学家
工学	机械类、材料类、电气类、计算机类、土木类、水利类、测绘类等	地质部门、矿业部门、工程建设部门、冶金化工部门、水利部门等	技师、工程师、技师工人、机械修理维护人员、软件开发和维护员、建筑设计师、测绘员等
农学	植物生产类、动物生产类、动物医学类、林学类、水产类、草学类等	农业、园林及植物所、海运、环保部门、质检部门	农业科研人员、农业生产及管理人员、城市环保人员、食品质检人员、园林绿化师、农作物栽培专家等
医学	基础医学、临床医学、中医学、药学类、法医学类、护理学类等	高等院校、医院、医学科研机构、药监局、私人诊所等	医科教师、医学实验研究、医院诊治医师、护理师、药物研发、药品代理、药物质检、法医鉴定师、自办诊所等
管理类	工商管理、公共管理、图书情报与档案管理、物流管理与工程等	教育机构、企业、金融机构、政府机关、计算中心等部门	银行客户经理、金融规划师、会计师、财务审计师、营销顾问、图书馆管理员、情报搜集员、物流管理人员等
军事学	军队指挥学、军事装备学、军事训练学等	公安部门、国防部门、解放军战区、政府部门	公安人员、警察、部队军官、军事院校文职干部、领导人警卫员或保镖等
艺术学	艺术学理论、音乐与舞蹈学、戏剧与影视学、美术学和设计学等	教育培训机构、文艺团、电视台娱乐频道、演艺公司、影视公司等	艺术科目教师、艺术理论研究人员、美术设计师、舞蹈演员、歌手、作曲家、舞蹈编排师、签约艺人或影视演员等

五、以就业为导向，了解专业，学好专业

大学生上大学，一个重要目的就是要实现较好的就业。在我国高等教育尚是稀缺资源的情况下，上大学名额远远不能满足广大考生上大学的要求，许多考生难以选择自己中意的大学和喜欢的专业。因此，学生对所学专业不了解和不喜欢的情况普遍存在。由于不喜欢或是不了解所学专业，许多学生只是被动地学习专业，丧失了学习的动力。

实际上，一个专业能够为学习提供的职业发展空间相当大，如果大学生从入校开始，能够接受良好的专业教育和职业指导专家的建议，能够结合自己的兴趣和能力，以就业为导向，充分地了解专业，就能够激发起学习兴趣，学到与自己的职业发展方向相关的专业知识和技能，实现良好的就业。

高等院校以社会需求或就业为导向的教育教学改革，为学生跨专业选课，积累与自己职业发展相关的专业知识和技能创造了良好的条件。一个大学生若能够较早的明确自己的职业发展方向，充分了解自己的职业要求，就一定能够以就业为导向，学到良好的专业知识和专业技能，受到社会和用人单位的欢迎。

以就业为导向，首先要找到自己喜欢从事的职业或职业发展方向，然后客观全面地了解所学的专业、了解与所选职业方向相关的专业，结合学校的具体情况，制订方案，学好专业知识和技能。一个大学生应该是以就业为导向，了解专业，学好专业。

（一）对与专业相关的职业进行调查研究

了解与专业相关的职业，需要调查研究。可以同本专业的若干同学组成一个调查小组合作进行调查了解。我国的专业主要是以学科为主划分，它是人才培养规格的标志。因此，要尽可能清楚地了解专业的学科特征，了解学科门类中其他相关专业的基本情况，了解本专业人才培养规格的主要特征。

（二）了解学科特色

首先，要清楚所修专业属于哪一学科门类和哪一级学科类别。例如，道路桥梁工程专业属于工科门类、建筑设计类一级学科。其次，要对学科的基本特色有所了解，对其相近学科和本学科的前沿知识和发展动向有所了解。在对学科的内涵及生存发展的广度和深度进行了解的基础上，有效地把握所学专业在学科中的位置和生存发展空间。

（三）了解专业人才培养规格

不同学校同一专业人才培养的规格会有所差别。一般来说，各院校都会根据自身的学术水平、社会影响等对毕业生一个基本的定位，各校人才培养都是根据这一定位来确定的。人才培养规格在高等教育精英化时代和大众化时代会有很大不同，从根本上来看，会受社会需求的制约。

了解专业人才培养规格，首先，要明确本专业是为谁培养毕业生，也就是明确本专业人

才将进入的主要行业领域。其次，要明确本专业所培养的是哪种类型的人才，是应用型、研究型，还是复合型，是去做技术工作、管理工作、设计开发、统计分析，还是经贸营销。

（四）个人的职业发展方向与专业学习的关系

如果个人没有明确的职业发展方向，首先应该确定个人的职业发展方向，然后再考虑职业发展方向与专业的关系，要根据对自身性格、兴趣、爱好、能力、知识、职业倾向等的认识和了解，明确自己首选的职业——专业关系属于哪一种类型，进而依次排序。

职业发展需要的知识和技能很多，各专业的人才培养规格和学科特征提供了一系列的知识和技能的组合。大学生应该清楚自身通过专业学习所获得的知识和技能中哪些对职业发展有用，哪些用处较小；除专业学习获得的这些知识和技能之外，对于个人的职业发展还需要补充哪些知识和技能。通常情况下，专业的针对性越强，适应性越小；而适应性增加，则专业针对性或对专业知识、技能的掌握深度就会降低。适应性主要通过基础知识、基本技能和综合素质的培养来体现，专业性主要由专业知识和专业技能反映出来。

六、综合能力的培养

（一）职业层次

人们在根据自己的能力确定自己的工作类型外，还应该是根据自己的能力，决定自己从事哪个层次上的工作，以达到人尽其才。一般把职业按照所要求的能力和责任度分为以下六个层次。

（1）非技能性工作：这种层次工作简单、普通，不要求独立的决策和创造能力。

（2）半技能性工作：要求在有限的工作范围里具有一些最低的技能和知识，或具备一定程度的操作能力。

（3）技能性工作：要求具备熟练的技术、专门的知识和判断能力。

（4）半专业性和管理性工作：要求具备一定专门知识或判断力，这种工作对他人要承担一定程度的责任。

（5）专业性工作：要求具备大量的知识和判断力，这种工作具有一定的责任和自主权。

（6）高级专业性和管理性工作：这种工作要求具有高水平的知识、智力和自主性，承担更多的决策和监督他人的责任。

（二）提高综合能力适应职业层次的要求

大学毕业生走向社会要胜任工作，取得发展，需要多种能力，如社会适应能力、人际交往能力、组织管理能力、表达能力、动手能力、创新能力、决策能力、沟通能力等。这些能力应在走上工作岗位之前有所准备，大学生在大学期间尤其应注重综合能力的自我培养。综合能力培养是高等教育的核心目标。大学毕业生的综合能力结构包括操作能力、认知能力、表达能力和综合适应能力。

操作能力是指履行岗位职责的动手能力，要求掌握应知应会的职业技术规范及任职上岗需要的职业技能。

认知能力是指选择并快速获取知识与信息的能力、观察判断事态和临场应变能力、运用知识进行技术分析和解决实际问题的能力、进行技术革新和设计发明的创新能力等。

表达能力是指语言表达、文字表达、数理统计和运用图表展示的能力。

综合适应能力主要是指组织管理能力、自我发展能力和业务交往及社会交际的能力等。

培养综合能力的途径主要有以下几方面。

1. 积累知识

知识是能力的基础，勤奋是成功的钥匙。离开了知识的积累，能力就成了"无源之水"，而知识的积累要靠勤奋的学习来实现。现在有一种错误的理解，不少高职学生打着"必需、够用"的幌子忽视理论知识的学习；也有少数教师认为职业院校的学生不需要专业理论知识。如今的公司企业需要的是既懂理论、又懂技术的高素质、高技能的劳动者。如果我们的学生在校期间花大量的时间只学习了一些简单的技术，将来进入社会就满足不了新技术发展的需要。而内化了的理论知识主要是一种逻辑思维能力，这种能力无论在什么样的技术条件下都是必需的。因此，大学生在校期间，既要掌握书本上的知识和技能，更要掌握学习方法，学会学习，养成自学的习惯，充分利用有限的理论课学习时间，尽可能掌握较多的专业理论知识。只有这样，才能不断扩大知识面，为提高能力奠定基础。

2. 勤于实践

善于学习是培养能力的基础，实践是培养和提高能力的重要途径，是检验大学生是否学到知识的标准。因此，在大学期间，既要主动积极参加各种校园文化活动，又要勇于参与一些社会实践活动；既要认真参加社会调查活动，又要参加各种公益活动；既要积极参与校内外相结合的科学研究、科技协作、科技服务活动，又要热忱参加教育实习活动，参加学校举办的各种类型的学习班、培训班、担任家庭教师等。通过参与实践活动，不仅可以在广阔的社会舞台上接受锻炼，学到许多课本上学不到的知识，又能培养和锻炼自己的表达能力、组织管理能力、工作创新能力以及处理人际关系的能力。同时，通过这些活动，还可以增加对未来工作环境、工作性质、工作要求以及自己所学专业的应用范围的全面了解，从而发现自己的长处和不足，明确自己为适应未来工作再学习、再努力的方向。

3. 发展兴趣

兴趣包括直接兴趣和间接兴趣。大学生应该重点培养对学习的间接兴趣，以提高自身能力为目标鼓励自己学习。围绕所学专业发展自己的兴趣爱好，并以这些兴趣为契机，加强相关知识的学习和积累，注意发展自己的优势能力。

4. 超越自我

作为一名大学生，应当注意发展自己的优势能力，但仅有优势能力是不够的，大学生必须对已经具备的能力有所拓展，不管其发展程度如何，这是他们今后生存的需要，也是发展的需要。因为现代社会是多维竞争的社会，增加了单一能力生存者的难度，同时也增加了企业的生存危机感。近年来用人单位对综合能力强的毕业生表现出的偏爱正说明了这点。因此不管是否是自己的兴趣之所在，都必须注意全面发展自己的各种能力，要有超越自我的信心和勇气。

大学毕业生能力结构的特点是以应用为目的，突出理论技术和智力技能，辅之以经验技术和操作技能。大学毕业生应以适应职业岗位（群）为目标加强智力技能训练，注重技术能力培养，使自己具有获取知识和运用知识的实际能力和与之相应的方法技巧，并在此基础上培养创新意识和创新精神，提高创新能力，提倡个性发展。

无论什么专业，学校在制定专业教学计划时围绕其培养目标和综合能力形成，将安排相应的教育教学活动，一般有理论教学、实践教学（实验、实训）、素质教育活动、课程设计、毕业设计等。大学毕业生应该积极完成每项教育教学内容和各项活动，努力提高自身的综合能力，以适应相应的职业层次。

七、身心素质的提升

身心素质包括人的身体素质和心理素质两方面。身心素质是思想政治素质、智能素质、职业道德素质的基础。一个人如果没有健康的身心素质，要想成就事业是不可能的。因此各行各业均把大学生的身心素质是否健康作为首选条件。因此，大学生必须正确认识身心素质的内涵，重视自己身心素质的培养。

身体素质指人的体质、体力和精力等方面，主要体现为力量素质、速度素质、灵敏性素质、耐力素质、柔韧性素质等。身体素质是人生存和发展的物质基础。大学生必须注意了解卫生保健知识，了解体育锻炼的基本知识，掌握科学的健身方法和用脑方法，养成良好的锻炼习惯和健康的生活方式，以培养健康的身体素质。

心理素质指人的心理发展水平以及心理对社会适应能力的综合品质。心理素质健全的主要标志是心理健康，心理健康与身体健康密切相关。世界卫生组织对健康的定义为，健康不但没有身体缺陷和疾病，还要有完整的生理、心理状态和社会适应能力。健全的心理素质是一个人健康的身体素质、道德素质、能力素质的基础。良好的心理素质是现代健康概念的重要指标之一，也是 21 世纪人才必备的素质之一。

大学生身心素质提升的主要途径有以下几点。

（一）科学用脑

心理是人脑对客观现实的主观反映。只有健康的大脑，才能有健康的身体、正常的心理。

1. 勤于用脑

大脑用得越勤快，脑功能越发达。人的脑细胞约有 140 亿个，人所利用的只是一小部分，还有相当大的潜力需要人们去开发。智力水平与脑细胞之间建立神经联系密切相关，脑利用越多，神经联系也就建立得越丰富、越精密，脑也就变得越聪明。

2. 讲究用脑的最佳时间

据有关资料研究表明，人的最佳用脑时间有很大的差异，大脑细胞处于兴奋的高峰期就是学习效率最高的时间。大学生只有在最佳时间用脑，才能提高学习效率。

3. 劳逸结合，多种活动交替进行

人的脑细胞有专门的分工，各司其职。经常轮换脑细胞的兴奋和抑制，可以减轻疲劳，提高效率。所以大学生要调节自己的学习，听说读写、写作计算、文理融会、动静结合、交替进行，使兴奋和抑制有机结合。

4. 培养良好的生活习惯

节奏性是人脑的基本规律之一，大脑皮质的兴奋与抑制有节奏地交替进行，大脑才能发挥较大的效能。要使大脑兴奋和抑制有节奏，就要养成良好的生活习惯。按时起床、按时锻炼身体、按时上课、按时休息。良好的生活习惯，实际是在大脑中建立一个动力定型，使大脑有节奏地工作和休息。良好的生活习惯还要去掉不良嗜好，要求大学生戒烟戒酒。同时，还要求大学生加强体育锻炼，促进血液循环，使大脑所需的氧气和营养得到充分吸收。

（二）正确认识并悦纳自己

良好的自我意识要求做到自知、自爱，其具体内涵是自尊、自信、自强、自制。一个人心理烦恼、焦虑、不安，往往出于对自己的不满意，有些是因为只看到自己的弱点，而看不到自己的长处；有些是对自己的长处做了片面的夸大而看不到自己的弱点；有些则是忽略自身的条件而一味追求完美等。这些都是属于不能正确认识和悦纳自己的表现。大学生应该对自己充满自信，对他人深怀尊重；能够客观地认识、对待自己的优缺点，明白自己不是一无所能，也不是无所不能，不对自己提出苛刻的、非分的期望和要求；能够审时度势、灵活地选择自己的价值坐标，直面人生，正确对待得失成败。大学生正确认识并悦纳自己，避免心理冲突和情绪焦虑，心态宁静，充分挖掘和利用自己的潜能，高效率地学习和工作，最大限度地实现人生的价值，充分享受人生的快乐。

（三）自觉控制和调节情绪

情绪对身体健康有重大影响。大学生希望有健康的身心，就必须保持乐观的情绪，在学习、生活和工作中有效地驾驭自己的情绪活动，自觉地控制和调节情绪。

（四）提高克服挫折的能力

人的生活道路不是一帆风顺的，在前进中，既有阳光大道，也有荆棘小路，遇到挫折是正常的，能否正确对待挫折，忍受挫折，是人身心健康与否的一个重要标志。大学生要维护和增进身心健康，就要提高应对挫折的耐受力。

📖 **案例导读**

崔莹莹，今年25岁的她，大学本科毕业于师范类中文专业，性格文静，善于作文，却不善口头表达，不善于与人沟通。她希望自己的职业方向能够发挥自己的文字特长。

她大学毕业后，因为是师范类毕业生，看到不少同学都从事教师这个职业，她也就顺理成章地当了一名中学语文老师。可惜在两年的教学过程中，所带班级成绩并不理想，学校对其工作表现不是很满意。作为教师的不成功导致崔莹莹心中很是苦恼，时常沮丧。教师一职不仅没有满足她的个人兴趣，反而由于工作不顺利严重打击了她的自信心。

通过教师这个职业的经历，她认为自己并不适合做老师，尽管自己具备相应的学历，但不具备老师应有的管理学生能力，课堂上调动学生积极性的能力亦不够，崔莹莹自己也很苦恼。但学校工作环境稳定，福利优厚，再者转其他行业的可行性有多大？应该转其他什么行业合适？

她经过反思和自我分析，决定重新择业。她觉得广告公司文案、多媒体行业文字编辑、传统媒体行业文字工作对口头表达能力要求不高，相对重视个人的文字创作能力，无须过多地与人打交道，也更适合自己安静的性格。而中学语文教师一职缺少创意，而且不是她自己的兴趣所在。相反，文案或编辑类岗位更能够使其扬长避短，发挥自己的文字特长。

转行是肯定的，但具体应该转什么职业？转行的成功概率有多少？崔莹莹通过与这些行业的同学或亲戚朋友进行反复沟通，最终决定凭借自己的文字功底，从事广告行业文案职务。这样既可以磨炼自己的创意，如果实在辛苦的话，再转到相对稳定的媒体文字编辑岗位，同时，转行的成功概率也较大。

可以说，从师范类大学生到中学教师似乎是理所应当、顺理成章的事，然而实践中有太多例子表明，一个师范类毕业生并不一定就是一个称职的教师。职业成功必须全面具备专业技能、学历资质、良好的综合素质三方面因素。根据这个标准，崔莹莹在教师岗位上可以说很难成功。眼前教师工作的确能给她带来稳定的收入和不错的福利，但凭她的表现，这个"稳定"并不能维持太久。

第四节　科学认知、理性规划大学生活

高等院校是大学生即将开始职业生涯的起跑线，大学阶段的学习是为成功的职业生涯奠定基础的关键阶段。因此，理性认识大学生活，了解专业发展，客观评价自我，建立起对职业的系统认识，是我们每一个大学生在进行职业生涯规划之前所必须做好的准备工作。

职业生涯是人生中最重要的历程，是追求自我实现的重要人生阶段，对人生价值起着决定性作用。一个人要想实现自己的价值观，得到社会的认可，一定要尽自己的所能为社会作出贡献，这是成功的必要条件，可以说，人生的成功依仗着职业生涯的成功。

大学教育属于专业教育，其任务是向大学生传授从事专业工作所需要的各类知识并进行一定的专业训练，培养方向是高级专业人才，随着现代科学技术的发展，社会对专业人员的需求量增大，对专业人员的素质要求越来越高。依靠大学教育是培养高级专业人才的主要途径，在培养专业人才方面，高等学校具有优越的条件：拥有一支专业齐全、素质优良的师资队伍；拥有后勤、管理、政工队体的协调配合；拥有系统、严密的教学体系和教学管理体系的保证；拥有必要的物质基础；拥有优良的办学传统和良好的学风、校风和教风，大学生自身所处的年龄段，也决定了这时是接受专业教育和培养的最佳时期。

一、大学生的社会角色

大学教育是青年社会化的一条重要途径。所谓青年社会化，是指青年在社会成熟过程中，社会运用一定的文化、价值观、行为规范、生产生活技能、法律、道德、习俗等教化陶冶青年，使之被社会接纳，成为社会一员的过程。社会化有广义、狭义之分。广义的社会化是指人的一生都要受社会观念、社会文化和社会规范的教化，都存在不断学习、不断调适的任务，都有跟上时代和社会发展步伐不断超越自我的努力和现实表现。狭义的社会化是指未成年人的个人学习社会知识、各种规范和技能，学习参与社会生活并成为合格社会成员的过程，青年社会化属于狭义的社会化。大学生所处的时期，是社会化最重要的时期，是初次社会化趋于完成的时期。因此，我们首先要认识大学生的社会角色。

（一）具有坚定信念的社会主义事业的接班人

我国正处在现代化建设的重要时期，也是建立社会主义市场经济体制的关键时期。如何把发展市场经济与思想道德建设统一起来，真正地促进社会全面进步则是一项长期而艰巨的任务。

新时期我国公民道德建设的指导思想是：全面贯彻"三个代表"重要思想，坚持党的基本路线，在全民族牢固树立建设有中国特色社会主义的共同理想和正确的世界观、人生观、价值观，在社会大力倡导社会主义荣辱观，努力提高公民道德素质，促进人的全面发展，培养一代又一代有理想、有道德、有文化、有纪律的社会主义公民。

当代大学生是开创 21 世纪祖国社会主义大业的主力军，担负着坚持发展社会主义的历史重任。社会主义信念是当代大学生的力量源泉和精神支柱。为了坚定社会主义信念，大学生必须认真学习马列主义、毛泽东思想，特别要认真学习邓小平理论和"三个代表"重要思想。通过学习和研究，明确社会主义代表着人类发展的方向，未来属于社会主义和共产主义；只有社会主义才能救中国，坚信社会主义的美好前景，只有社会主义才能发展中国。

（二）社会主义事业的建设者

当代大学生，作为社会主义事业的建设者和接班人，担负着振兴中华的崇高历史使命。将大学生培养成有理想、有道德、有文化、有纪律的积极献身于中国特色社会主义事业的建设者和接班人，是社会主义事业的奠基工程，也是广大人民群众的期望与心愿。

大学生必须明确使命和任务的艰巨性，了解中国的国情。归纳起来，有以下几个方面。

（1）建设具有中国特色社会主义国家的艰巨任务。

（2）我国经济建设已初具规模，但经济发展水平还比较低，特别是人均收入远远落后于世界发达国家。

（3）人口众多，人们的文化技术素质也较低，给社会经济带来沉重的负担。

（4）在上层建筑方面，建设高度社会主义民主政治所必需的一系列经济文化条件有了一定发展，但还不是很充分。

（5）在经济全球化中，中国处于激烈的国际竞争之中，激流行舟，不进则退。

虽然我国的建设事业面临重重困难，但这恰恰给予了我们更多施展才华的机会。当代大学生就应适应时代的要求，继承和发扬我国知识分子艰苦奋斗、顽强拼搏、勇攀高峰的优良传统，立志走爱国主义者到忠诚的社会主义者、共产主义者的道路，使自己真正成为社会主义事业的建设者和接班人。

（6）推动中国融入世界的主力军。

当代国际形势下，各国都在信息产业革命的推动下展开了更为激烈的竞争。发达国家利用高科技优势进一步拉大了同发展中国家的差距。当代大学生应该增强紧迫感、危机感，有志气、有决心，用自己的双手把中国建设成为富强、民主、文明的社会主义国家，使中国成为国际竞争舞台上的强国。

而中国融入经济全球化的世界，也为大学生的成长发展和发挥自己的聪明才智提供了优越的条件和良好的机遇，每一个有志气、有才华的大学生，都应珍惜时代提供的机会，勤奋学习，奋发向上，力争在中国走向世界、走向未来的伟大事业中有所作为，在担负起推动中国融入世界的历史使命时不负众望。

二、当前大学生的职业问题

（一）职业价值观模糊不清

表现在重大决策的时候往往有些意气用事；自己期望的和社会现实存在较大的差异；很多人总在问自己要什么，而没有问自己能够付出什么；经常受社会舆论的影响，难以把握自己的方向。

（二）自我定位方法简单

自我定位方法简单，大部分学生还不会自我定位。这些主要表现在大学根据自己外在因素定位，如自己毕业的学校，所学的专业等，忽略了自己的内在素质和发展潜力；容易通过攀比来定位，如和同学相比，和同事相比来确定自己的位置；容易迷失自我，如因上司的评价去选择一份工作或辞去一份工作。

（三）工作积累不够扎实

表现在对于"积累的"的理解有失偏颇，过于重视知识，经验和技能，而忽视了职业责任，内在品质，良好的人际关系，基础能力（如思维能力，解决问题能力等）实际工作中只注重做事，不注重做人；不懂得如何看待自己的"积累"，常以为表面的经验、职位是下一步发展的基础，而没有把实实在在的能力和人品作为坚实的台阶。

（四）心理素质比较弱，尤其是心理承受力和耐力

表现在心态比较浮躁，希望尽快见到结果，对于细节的处理缺乏耐性；对企业的适应比较艰难，缺乏相应的心理准备和自我调节能力；对工作压力的承受能力较弱。

（五）处理问题的方法存在不足

大多数学生一直重视结果，而不在意方法，在处理矛盾、冲突、人际关系等问题上，显得有心无力，缺乏合适的方法和技巧。

以上这些职业问题和我们大学期间的学习、生活有直接的联系。对大学生来说，面对各种知识浩如烟海，各门类学科交叉渗透，想要百科皆通，掌握方方面面的知识是不可能的，面对多种多样的大学生活，各种锻炼的机会都去参加也是不现实的。这就要求大学生在校期间，合理安排学习，为自己的职业生涯积攒后劲，只有这样，才能成为受社会各界欢迎的大学生。

三、做受社会欢迎的大学生

（一）注重基础理论的学习

理论是指导实践的指针，是完成实践活动的基础。理论的获得，无疑是勤奋学习的结果。理论知识作为知识结构的根基，是每个大学生的就业之本。现代教育提倡素质教育，也是重在抓好基础教育。我国的高等教育对大学生培养的根本一点是要扩大学生的知识层面，培养宽口径、厚基础的应用型人才。只有把基础知识面拓宽，大学生毕业后发展才能有后劲。

大学生注重基础理论的学习还有助于培养科学的思维方法和良好的心理素质，而这又是工作中必备的优秀品质。切不可为了培养其他方面的能力，而忽视了基础知识的学习。大学生在学习基础理论的时候，还要拓宽自己的知识面，这是提高实际工作能力的基础。拓宽知识面不是什么都要学，而是要科学地、有选择地学。要根据自己的情况，考虑自己的精力和承受能力，量力而行，才能达到学习目的。正确的方法是首先要学好必修课，理解和熟悉本专业国内外最新的科学技术成就和科学前沿动态，再就是了解一些同本专业发展相关的基础知识，以适应社会的需要。

（二）勇于实践，积极创新

1. 注重实习过程

大学生在校学习期间，按教学计划安排，都有一定时间的生产学习和毕业实习。我们一定要充分利用好这些机会，向现场有经验的技术人员学习，向生产一线的工人师傅学习，吸取他们多年来积累的时间经验，充实自己。在实习过程中，可以学习很多书本上学习不到的知识，既能培养自己综合运用知识的能力和实际动手能力，又能使自己的创造思维能力、工作学习的独立性和主动性得以提高。同时，通过实习，还可以增强对未来从事职业岗位的工作环境、工作性质、工作要求以及专业的应用范围的感性认识，从而发现自己的长处和不足，明确自己为适应未来工作再学习、再努力的方向。

2. 参加各项实践活动

大学生在书本上学到的知识必须和具体的实践结合起来，才能够培养自己分析问题的能力。这两种能力的提高也是通过在实践过程中不断发现问题、处理问题来完成的。因此大学生要有计划和针对性地进行社会调查，广泛接触社会，从而增进对社会的了解，正确评价自我，摆正自己在社会活动中的位置，从而提高自己的社会活动能力和交往能力，提高自己分析问题和解决问题的能力。

3. 积极参加课外科技活动或模拟科技活动

现在越来越多的高校开始重视学生的课外科技活动。比如，有全国性的"挑战杯"全国大学生学术作品比赛，全国大学生数学建模大赛，各种计算机网络大赛等，不少品学兼优的大学生在参加活动的过程中，学到了知识，提高了能力。实践证明，在学校期间参加过这些科技活动的大学毕业生就业后上岗快、科技能力强，很快就成为业务骨干。所以说在校参加科技活动不失为锻炼实践能力的重要途径。

四、理性规划大学生活

对于刚刚跨入大学校门的学生来说，几乎所有人对未来都有过憧憬，你可能努力过，积极参加社团活动，认真听课，认真地准备考试，然而，大学生活的最后一年，很多人会发现，现实中的选择和想象中的大相径庭，而自己大学时所做的那些事，有很多是无意义的，不能对未来产生一点点有益的影响，而另外一些有意义的事根本没想到去做。所以回首过去，许多人会感到遗憾，这样的情况，一方面缘于未来的不确定性，另一方面则是因为我们缺乏科学的人生规划。因此，在大学生活中，应首先进行科学的人生规划。这是职业生涯准备中最重要的内容。

（一）构建合理的知识结构

全面掌握学科基本理论知识，熟练掌握学科基本方法、基本技巧，把握学科和时间的纵横联系，优化知识结构，构建良好的专业学科知识体系，提高专业理论素养。专家建议大学生对所学专业知识要精深、广博，除了要掌握宽厚的基础知识和精深的专业知识外，还要拓宽专业知识面，掌握或了解与本专业相关、相近的若干专业知识和技能。因此，大学生知识多、学历高不一定能力强，大学生切不可以学习成绩作为评价能力高低的唯一尺度。

（二）培养职业需要的实践能力

大学生在学习知识的同时，要积极投身到社会实践和技术创新的过程中，找差距，发现自己的不足；在实践中寻找优点，发现自己的优势；在实践中提升智慧，发掘潜能，尝试创新，寻找在社会发展中最合适的位置，努力拓展事业发展空间，成就人生价值。因此，作为大学生，尤其是高职院校学生，要注重实训和实践，积极主动参加各种实训活动，将理论知识与实践运用相结合，在实践中不断提高技能。

（三）了解职业意义，渗透职业意识

从某种意义上，大学只是职业探索中的一个重要发展阶段。学生根据人生追求、社会需

要、职业要求、职业兴趣和能力特长选择适合的专业，学习专业知识，培养专业素质与技能，探索职业意义，从而规划自己未来的职业发展。

 案例导读

近年十大热门职业排行榜

1. 电子商务

目前，除了超市、商场、社区便利店等，网购已然是中国当下老百姓最普通和最频繁的消费模式。网店营造的"六一八""双十一""双十二"等似乎也成了广大消费者最期待的网购狂欢节。淘宝、天猫、京东、唯品会、拼多多等电商平台越来越成熟，而且逐渐出现新的电商平台，促使电子商务不断增长。目前电商平台实现了 B2B、B2C、C2C、O2O、B2M、M2C、B2A（即 B2G）、C2A（即 C2G）、ABC 模式等应用环境，推动电子商务在中国的发展。据有关机构调查，电商未来的市场在十几万亿，因此造就的百万富翁也会数不胜数，可见电商领域潜力。同时，据此产生的一系列衍生技术和行业也会兴起，比如移动支付、微商等。而关于这方面（微商运营、移动支付技术、程序开发）的人才未来更是稀缺。

2. 新能源行业

2015 年第十八届五中全会通过了《中共中央关于制定国民经济和社会发展第十三个五年规划的建议》。2016 年作为"十三五"的正式开局之年，其中最重要的议题之一就是能源"十三五"规划的出台。"十三五"能源规划提出要加快建设安全、清洁、高效、低碳的现代能源体系，加快提升电能、水能、风能、太阳能、生物质能等可再生能源比重，安全高效发展核能，优化能源生产布局。新能源的开发利用必然会成为国家能源发展的重点。同时，推广新能源汽车，电动汽车正逐步走进人们的生活，新能源汽车行业必将引来很多外来资本的投入，新能源的其他相关产业也必将成为能源行业的新宠。

3. 在线教育培训

在互联网时代组织的发展效率加速，因此对人才的需求也在加速，巨大的就业压力，越来越要求求职者的个人素质不断提高。同时，广大中小学的升学竞争也导致在线教育和在线培训规模升级。智研咨询发布《2020—2026 年中国在线教育行业市场消费调查及发展前景分析报告》指出：预测数据显示，2020 年中国在线教育用户数有望达到 2.96 亿人，2 年复合增长率 21%；从在线教育细分市场来看，职业培训市场规模最大，K12 课后培训和语言培训规模则紧随其后。此外，当下许多家长对学前教育越加重视，网络学前教育的市场规模也随着对网络教育接受度的提高而逐渐扩大。整个国内在线教育行业潜力巨大，将会不断促进本行业的规模扩大。

4. 创新医药

医药是国家的战略性新兴产业，其制药技术将成为未来创新主动力，也是企业核心竞争力。业内人士分析，在未来至少 10～20 年的时间内，国内的生物医药研发大趋势还会继续保持。这无疑将使得未来一段时间内国内相关领域对医药研发师，特别是高端医药研发师的需求会持续旺盛。

随着 2020 年年初的全球疫情的爆发和深远影响，预计未来无论是从进入临床阶段的新药数量抑或是在资本市场融资或 IPO 的企业数量，创新药行业将迎来另一个高潮。更重要的是，创新能力的提升、和世界主流市场的接轨是行业发展的长期趋势，这将不可逆转。

5. 保健行业

随着国人生活水平和收入水平的同时提高，对健康也越来越重视。因此与健康息息相关的药品健康和食品健康都是当下最有发展前途的行业。而与食品养生相关的从业人员前景也越来越光明。从事个体或群体健康的监测、分析、评估以及健康咨询、指导和危险因素干预等工作的专业人员将成为巨大的缺口。国家正在推广实行的"全民健康管理工程"，是一项系列化、数字化的庞大工程，是必须由国家、集体、个人共同完成的，其具体工作必须由健康管理师来完成。保守估计至少需要 200 万个专业的健康管理师，而目前我国专业健康管理方面的从业人员只有 10 万人左右，人才缺口非常大。

6. 媒体人士

伴随互联网的振兴，新媒体不断涌现，传媒行业目前人才需求出现多样化和市场化趋势。专题编导、演艺经纪、制片、录音师等职位也呈现出多媒体发展的特色。而中国作为全球传媒业受众最多的国家，占世界受众的 20%，电视观众超过 9 亿人，预计每年还会以一千万户的速度增加。随着国内行业准入许可度的加大，加上近年的视频平台造就的直播行业的兴起，外资公司进入传媒业数量将越来越多，传媒行业的人才竞争与需求也会越来越大。

7. 移动互联网行业

大数据时代让世界紧密地联系在一起，互联网的发展日新月异，目前互联网行业最为热门的有手机软件、手机游戏、视频、搜索等。从技术的角度来说，像 PHP、Java、UI 设计等，尤其是移动端软件的开发需求巨大，从而带来许多高薪职位，如大数据开发、云计算、搜索、移动互联网等。

8. 网络安全

现代人的生活与网络息息相关，个人、企业信息的安全显示尤为重要，2015 年报告的信息安全攻击比 2014 年增加 51%，一年报告安全攻击次数几千万次，应对网络安全挑战，已越来越被重视。目前国内在网络安全领域还处于发展阶段，对信息安全方面人才缺口很大，而随着未来网络的不断发展，信息安全也显得越来越重要。

9. 物流快递

近年来电子商务发展不断创下新高，网络消费更创吉尼斯世界纪录，便捷的网络购物，丰富的国际国内资源，天猫、苏宁、拼多多、亚马逊、小红书等形形色色的电子商务对国人的冲击，使得物流运输量屡创新高，由此带来的物流滞后、包裹丢失、快件堆积等问题日益凸显，需要更多的从业人员和新技术（如无人机）来缓解市场压力。

10. 旅游行业

近年来，生活水平的进一步提高，旅游条件的完善，国人对旅游的热情也是越来越高，同时资本市场对于旅游产业的投资热情高涨，也反映出旅游产业在中国的巨大发展潜力。总的来说，我国国内旅游市场前景广阔，需求潜力大，同时对旅游相关产业的从业人员来说也是一次大的机遇。

实训项目一：社会职业情况调查

一、实训概述

通过对社会职业人群的访谈，增强对社会职业的认识，加深对社会职业的理解。

二、实训内容

【项目内容】

进行一次社会职业调查，调查5名社会就业对象，了解社会不同职业的工作内容、职业技能要求、职业优势、劣势分析及使用发展前景。

【训练步骤】

（1）课后个人调查采访。

（2）完成如表3-2所示的社会职业情况调查表。

表3-2 社会职业情况调查表

调查对象	职业名称	收入水平／月	职业技能	职业优势	职业劣势	职业发展
调查对象1（工龄）						
调查对象2（工龄）						
调查对象3（工龄）						
调查对象4（工龄）						
调查对象5（工龄）						

三、实训结果

调查结束后，完成一份500~800字的调查体会。

 实训项目二、学业规划表

一、实训概述

【目的及要求】

通过规划专业学习目标，促进自身专业发展、突出专业技能、形成自我特色，实现顺利就业。

二、实训内容

【项目内容】

学生立足专业发展，在明确大学学习基本目标的基础上，结合自身实际和个性，制订学业规划。

【训练步骤】

（1）明确大学学习基本目标。

（2）自我盘点，认识和了解自己。

（3）制订学业规划表（完成表3-3）。

表3-3　大学生学业规划表

姓名		性别		出生年月		政治面貌	
班级				籍贯		城镇□　农村□	
个人简历							
自我剖析 （性格、爱好、特长、缺点等）							
自我发展规划（总目标及实现目标的做法等）				学年度具体目标			
				第一学年			
				第二学年			
				第三学年			
本人签名： 　年　　月　　日				第四学年			

指导意见	
	班主任签名： 年　月　日

第四章

职业规划

比塞尔是西撒哈拉沙漠中的一颗明珠，每年有数以万计的旅游者来到这儿。可是在肯·莱文发现它之前，这里还是一个封闭而落后的地方。这里的人没有一个走出过沙漠，据说不是他们不愿意离开这块贫瘠的土地，而是尝试过很多次都没有走出去。

肯·莱文当然不相信这种说法。他用手语向这里的人问原因，结果每个人的回答都一样：从这儿无论向哪个方向走，最后都还是转回出发的地方。为了证实这种说法，他做了一次试验，从比塞尔村向北走，结果三天半就走了出来。

比塞尔人为什么走不出来呢？肯·莱文非常纳闷，最后他只得雇一个比塞尔人，让他带路，看看到底是为什么？他们带了半个月的水，牵了两头骆驼，肯·莱文收起指南针，只挂一根木棍跟在后面。十天过去了，他们走了大约八百英里①的路程，第十一天的早晨，他们果然又回到了比塞尔。这一次肯·莱文终于明白了，比塞尔人之所以走不出大漠，是因为他们根本就不认识北斗星。

在一望无际的沙漠里，一个人如果凭着感觉往前走，他会走出许多大小不一的圆圈，最后的足迹十有八九是一把卷尺的形状。比塞尔村处在浩瀚的沙漠中间，方圆上千千米没有任何参照物，若不认识北斗星又没有指南针，想走出沙漠，确实是不可能的。

与肯·莱文一起合作的人叫阿吉特尔。在肯·莱文离开比塞尔时，他告诉这位年轻人，你只要白天休息，夜晚朝着北面那颗星走，就能走出沙漠。阿吉特尔照着去做，三天之后果然来到了大漠的边缘。阿吉特尔因此成为比塞尔的开拓者，他的铜像被竖在小城的中央。铜像的底座上刻着一行字：新生活是从选定方向开始的。

这个故事说明：当一个人树立了要想真正达到成功目标的时候，他首先需要去确定一个发展的目标，目标是事业成功的基本前提，没有目标，事业的成功也就无从谈起。俗话说："志不立，天下无可成之事。"立志向是人生的起点，反映着一个人的理想、胸怀、情趣和价值观，影响着一个人的奋斗目标及成就的大小。

第一节　职业生涯目标设定的影响因素

职业生涯目标是指个人在选定的职业领域内未来时点上所要达到的具体目标。职业生涯目标的设定，简明地说就是明确自己想成为一个什么样的人，选择在行政管理上达到某一级别，担任某一职务，还是从事某一专业工作，达到某一个职称，成为某一领域的专家等。无数的事例证明：凡成功者都有明确的职业目标，没有明确职业目标的人，很难成功。

对每个人而言，职业生涯将贯穿人的一生，个人或处于职业准备阶段，或处于职业选择

---

① 1 英里 = 1 609.344 米。

阶段，或处于职业工作阶段，或处于职业结束阶段。在这不同的阶段，每个人的职业生涯因受各种不同因素的影响而发生各种截然不同的结果。

一、影响职业生涯目标的因素

影响大学生职业生涯目标设定的因素有个人素质、心理等主观因素，也有社会环境、机遇等客观方面的因素，对于某些学生来说，他们所喜欢的职业或许正好需要一些他们并不具备的能力；对于某些学生来说，他们所受的教育和所学专业并非自己的兴趣和爱好所在，某些学生则被自身的健康状况束缚了职业选择等，大学生进行职业生涯规划规划时，需要仔细考虑影响自己职业生涯的每一个因素。

（一）身心状况

所谓身心状况也就是个人的身体和心理状况与职业对其要求的特点是否适应的问题，身心健康对职业选择特别重要，几乎所有的职业都需要健康的身心。职业适应也与身心有着很大的内在联系，有的职业要求视力、身高、体重；有的职业要求反应敏捷；有的职业要求耐心、细心；有的职业要求不断创新；有的职业需要按照程序不断重复操作等。

（二）教育程度

教育程度是事业成功不可缺少的条件，是影响职业生涯的一个重要因素。教育是赋予一个人才能、塑造人格、促进个人发展的活动。获得不同教育程度的人，在个人职业选择或被选择时，具有不同的能量和作用，一般的情况是，接受过较高水平教育的人，在就业以后会有较大的发展，在职业不如意时，再次进行职业选择的能力和竞争力也较强。人们所接受教育的专业、学科门类及层次，对职业生涯起着决定性作用，人们在选择职业、转换职业时往往与所获得的学历层次、所学的专业有一定的联系。在职业生涯规划时，我们可根据自己的学历、学位、职业资格证书、接受职业培训等情况，合理地给自己的职业定位，确立职业的起点、发展历程和发展目标。

（三）家庭负担

这是对家人、对社会及对财务状况所承担的义务。任何年满 18 周岁的成年人必定会受各种义务的束缚。家境的优劣也是影响职业生涯规划不可忽略的要素。家庭负担重的人，家庭责任促使他就业压力提高，迫切性增强，甚至会改变原来规划好的职业目标。因此，我们在职业生涯规划时，必须考虑家庭负担状况，平衡道德与理想之间的关系。

（四）性别因素

虽然男女平等的观念已普遍被现代社会所接受，但传统的或生理的"性别因素"仍然在职业中起着不可忽视的潜在作用。因此，在规划职业生涯和求职时，女性要做好充分的思想和心理准备，寻找与性别相适宜的、与理想相统一的职业，以便充分发挥性别的特点，使自己走向成功。同时，由于工作性质的不同，有一些工作适宜女性，有一些工作适宜男性，男女具有同等的发展机遇，只要我们努力，每个人都能实现自己的职业理想。

（五）社会环境

社会环境主要是反映社会政治、经济体制、人才市场的管理体制、社会文化习俗、职业的社会评价等。社会环境因素决定了社会对社会职业岗位的数量、结构、层次等，社会环境因素决定了大学生对不同职业岗位的接受、赞誉或贬低的程度，决定了大学生步入职业生涯的基本方式、开始职业生涯后的基本态度以及由此引起的职业生涯的变化。比如，在计划经济体制下，国家对大学生进行统一分配，毕业生和用人单位均无自主权可言；在市场经济条件下，随着高校教育体制改革的不断深入，我国高校普遍建立了在国家方针政策和宏观调控下，学校和各级政府推荐，学生和用人单位双向选择的毕业生就业工作模式。用人单位和大学毕业生都有了选择的自主权。

（六）机遇

机遇是影响职业生涯的偶然因素，但对个人的职业生涯而言，有时又具有决定性的作用。机遇是随机出现的、具有偶然性因素的事物，它包括社会各种职业对一个人展示的随机性的岗位，或者说是一个能够就业和流动的各种职业岗位，包括能够给个人提供发展的职业境遇。机遇本身是客观存在的，但机遇只垂青于那些有准备的人。个人的能动性会导致寻求到新的发展机会，或者自己创造机会。许多事业上成功的人，不是靠家庭、亲友的帮助，也不依赖社会给予的现成机会，而是靠自己的努力奋斗和开拓进取。

在仔细分析了影响自己职业生涯的各种因素后，就可以较好地解决职业生涯规划中"干什么""何处干""怎样干"这三个最基本的问题。

二、了解自我与社会

（一）了解自我

找到一份适合自己的工作是每一位大学生追求的目标之一。在一生的职业生涯中，如果能够从事自己喜欢而又胜任的工作是一件令人感到快慰的事。有些人缺乏对自己深入的分析和训练，在走出本校门后，只因为偶然的因素从事自己并不喜欢的工作，虽然几经转换，仍不能对工作产生兴趣。任何职业的选择都从了解自我开始。要透彻地了解自己的喜好和憎恶、优点和弱势，价值观及其他性格特征。对自己了解越多，选择职业就越容易，个人才能和职业的契合度就越高。对自己的了解主要有以下几个部分：

（1）喜好和憎恶：我喜欢什么？我讨厌什么？

（2）优势和弱势：我做好这一工作的优势在哪里？弱势又在哪里？

（3）价值观：为什么我喜欢这个而不喜欢那个？在职业选择过程中，我最看重的是什么？

（4）性格特征：我是什么样性格的人？这种性格特征的人适合的职业是什么？

（5）成长要素：心中理想的我是什么样子的？如何才能实现我的梦想？如何将自己打

造成适合自己理想工作的职业人？

在这一探索过程中，需要采取职业测评及相关训练等有效方法来对各种问题深入思考。对问题思考得越具体，个体成长速度越快。

阅读资料

SWOT 分析法

职业规划千万别忘了那句古老的名言——认识你自己。用《孙子兵法》上的话来说就是"知己知彼"，一个通行的办法，就是 SWOT 分析法——四维分析法。SWOT 分析是一种功能强大的自我评估定位和探测职业机会的分析工具。通过它，会很容易知道自己的个人优点和弱点在哪里，并且会仔细地评估出自己所感兴趣的不同职业道路的机会和威胁所在。其中 S（Strengths）代表优势，W（Weaknesses）代表弱势，O（Opportunities）代表机会，T（Threats）代表威胁，其中，S、W 是内部因素，O、T 是外部因素。

对自己做个 SWOT 分析，分析优势（Strengths）、劣势（Weaknesses）、机会（Opportunities）和威胁（Threats），找到自己最擅长之处。这些可以通过专门的性格测评来了解。企业的招聘经理们也在通过各种方式评估你的特长，比如，合群、聪慧、稳定、持强、兴奋、有恒、敢为、敏感、怀疑、幻想、世故、忧虑、实践、独立、自律、紧张、适应与焦虑、内向与外向、感情用事与理智客观、慎重与果断、心理健康因素、成就者人格因素、创造力、成长能力，等等。

补充阅读

SWOT 分析法案例

姓名：×××

学院专业：××××学院 2018 级物流

摘要：职业生涯规划对个人的成长非常重要。自己从事哪种职业最适合，如何规划自己的职业，如何在大学这个知识的摇篮为自己未来的职业做出努力，是很多大学生心中的难题。本文通过用 SWOT 分析法，即分析自身的优势（Strengths）、劣势（Weaknesses）、机会（Opportunities）、威胁（Threats），并根据分析规划最适合自己的职业以及目前自己可以为未来职业应该做出的努力。

关键词：SWOT 分析法　职业规划　优势　劣势　机会　威胁

时光飞逝，岁月如梭。转眼间，大学已经走过了一大半，面对未来，自己应该何去何从，心中已有些眉目。通过对自己的优势、劣势、机会以及威胁等各方面的综合分析，找到了最适合自己，也是自己喜欢的职业，那就是成为一名优秀的物流师。为了能够达成自己的目标，我制定了自己年内的发展以及具体的行动计划。

分析法自我分析

（一）优势

1. 良好的口才

由于我自己做过一段时间的商人，面对着形形色色的人，因而练就了很好的口才。上学后，在小学、初中，高中都担任了班干，在大学亦在学院学生会以及在物流班担任学习委员，学生干部的工作使我有更多机会去和老师与同学接触，这些机会也大大地提升了我的口才和胆量。

2. 良好的组织和管理能力

在大学，我担任着学生会生活部的组织工作，负责管理着学院的寝室查寝问题。从这份工作中，我学会了如何较好的组织一项活动的开展，如何管理好一个班级，应该从哪些方面来提升班级的整体水平等各方面的东西，我相信我还是具备一定管理能力的。

（二）劣势

对于成为一名优秀的物流师，我具有很多优势，但是仍存在一些劣势，首先是物流基础不够扎实，主要表现在学习时间太短，物流经验欠缺。其次是在面对大问题时有些胆怯，这会影响自己在物流上不能很好地发挥。再次是有些时候太过于要面子，这样可能会使自己不能够大胆的正视自己的缺点和不足，以便得到很好的改正；最后是不能很好地控制和调整自己的脾气，可能会对顾客和上司发脾气，或者将自己的不良情绪带到工作中去，影响上司与自己的关系，使上司不能很好地相信自己，与自己亲近。

（三）机会

在当今社会，总是会出现这那样或那样的机会，成功只会留给把握机会的人。为了自己能够顺利地成为一名优秀的物流师，我挖掘到了一些对我有用的机会并紧紧地抓住它们：

1. 大学假期实习

在大学的时候，我们还会利用寒暑假一如既往地去帮哥哥打理生意，通过实习我来积累经验。

2. 大学里实习

我会在大学努力锻炼自己的能力，比如班级、学生会中，努力做好干部这个角色，我相信我会在其中积累下宝贵的经验，使我今后职业发展少走弯路。

（四）威胁

世界上，机会与挑战总是并存的，能够抓住机会并巧妙地面对挑战，才有可能成为最后的成功者。

在我的职业发展中，同样存在着诸多的挑战：

（1）物流机制不断完善，物流人才不断增多，各大高校都开设了物流专业，那么2021年的毕业生将充盈人才市场，到我们毕业时仍然面临着严峻的就业压力。

（2）在家庭方面，家人一直希望我成为一名商人，多次思想沟通都无法让他们改变，因而，来自家庭的压力，也是我职业发展的一个潜在挑战。

（二）了解社会

对于社会的了解是大学生走向社会的起点，大学生要成为对社会有用的人，首先就要了解社会需要什么样的人才；大学生希望找到自己理想的职业就要首先了解社会的职业及职位情况；大学生希望站在时代的潮流，就要了解社会政治、经济的发展趋势；大学生希望在事业上取得成功，就需要了解所喜欢工作的特性。对于社会的了解状况与大学生职业选择密切相关。对于社会的了解主要有以下几个部分：

（1）社会政治、经济发展现状以及发展趋势。

（2）社会职业发展状况。

（3）社会职业设置状况。

（4）与大学生就业相关的法律及政策规定。

（5）社会对于人才的素质要求。

具体地讲，我们在了解某一项工作状况时可以从以下七个方面入手：

（1）工作的保障性。即该工作是否有保障、有固定的薪金。

（2）工作环境。一是指工作的地理环境，工作地点是否满意；二是指工作中的人际关系是否和谐，工作伙伴是否友善、彼此合作而关系良好。

（3）工作的受尊重程度。工作在社会中的声望、职位是否受内部人员的尊重，受到组织和上司重视，自己也引以为豪。

（4）工作的变化性。工作是否经常面对多变的状况，是否具有挑战性。

（5）工作的自主性。是否有机会尝试以自己的方式工作，并且能够自己做决策而不是事事必须听命于他人。

（6）工作的权力和责任。工作中是否需要督导别人，为别人的成败负起责任。

（7）工作才能的发挥。是否能够发挥所长，工作是否令人有成就感。

对于社会的探索可以采取社会的实践、参加报告会、职业实习等有效方式来实现。

（三）找到自己与社会的结合点

找到自身能力及价值与社会需要的最佳结合点是大学生走向事业成功的根本，也是大学生学习动力的根本来源。这一探索过程可以分为以下几个部分：

（1）兴趣的结合：我喜欢的工作在社会职业中的地位如何？

（2）能力的结合：我的能力能够胜任什么样的工作？

（3）价值观的结合：我的个人价值观和社会主流价值观是否有所冲突？我的个人价值观和我喜欢的职业价值观是否有冲突？

（4）成长因素：我喜欢的职业和我能够胜任的职业是否一致？如何做到二者的统一？如何使我的价值观与工作价值观相统一？

对于自身与社会的结合的探索是大学生成长、成才、成功的关键，只有做到这一点，才能使大学生为自己的事业成功量身打造合格的职业人。这一探索过程需要大学生与社会保持密切的接触，积极参加各种成长训练，快速提升自己。

阅读资料

著名的"打工女皇"吴士宏的经历就是一个很有力的证明。吴士宏原先不过是一个中专毕业的小护士，但是她有很强的事业心，积极进取，善于规划自己的职业道路，一步一步地走向成功。从一个护士，到IBM的小文秘，再到IBM的销售总监，再到微软的中国区总经理，而后又毅然跳出微软进入 TCL 任副总裁。——吴士宏的成功有力地验证了职业生涯规划对事业发展的重要作用。

职业生涯规划目标的设定应该是全方位的，应使个人事务、职业生涯和家庭均衡发展，相互促进。主要考虑以下几个方面：

（一）职业生涯

它包括：有自豪感和成就感的职业；有趣、喜爱的工作内容，满意的工作成就；很强的责任心，良好的个人发展；良好的同事关系等。

（二）社会尊重和社会权利

它包括：有自由，是命运的主宰；与他人建立关系；自身价值得到承认、受尊重；慷慨帮助别人，有良好的声誉等。

（三）感情生活和家庭生活

它包括：有好朋友；爱、爱恋、遇到生命中的伴侣；生活在稳定的亲情中；有可爱的孩子；协调职业生活与家庭生活的要求；家庭幸福等。

（四）物质成功

它包括：有足够的收入，花费不必苦心计算，成为一定物质财富的所有者，如汽车、住房，有满意的物质生活条件等。

（五）个人事务

它包括：继续接受教育，不断学习；具有个人生活规划；保留思考时间；掌握生活常识和技能；旅游；健身；保证有空闲时间休息和娱乐；欣赏音乐、美术作品和文学作品；发展个人爱好等。

三、职业生涯目标的设定应遵循的原则

（一）实事求是原则

实事求是就是说要根据实际情况，不夸大，不缩小，如实反映客观事物的本来面貌，制订自己的职业生涯规划设计。在进行职业方向、职业能力、职业素质、职业前景的分析和预测时，要如实客观地准确认识自我，正确评价自我，确切定位，对环境的影响则不仅要看到有利的，也要看到不利的因素，思考问题要全面，有主见，不随大流，不想当然。

（二）切实可行性原则

切实可行就是说设计要以自身情况为依据，以社会客观为准绳，所设计的步骤，所确定

的流程，所采取的方法要有可操作性，通过职业生涯规划设计的实施，确实能够达到预期的职业生涯目标。因此这就要求我们：首先，个人职业生涯目标要同自己的能力、兴趣、素质、知识基础和设计的职业工作相符合。其次，个人的职业目标和职业生涯道路的确定，要考虑客观条件的制约，在一个论资历的单位里，刚毕业的大学生就不宜把担当重要的领导工作职务确定为自己的职业目标。

（三）循序渐进原则

循序渐进就是说要按照一定的步骤和计划逐渐进行和开展。首先，作为计划本身而言，它是对未来事物的一种展望，我们不指望一蹴而就地实现理想中的某个目标。其次，大学生职业生涯规划设计，它有诸多方案、方法和方式，每一个方案的实现，都是下一个方案实现的前提和基础。最后，计划所设定的理想的职业工作，它的获得，必须是以一定的素质、能力和知识作为基础的，而这些因素的具备也是一个循序渐进的过程——也就需要大学生在大学期间和毕业之后，不断地自我分析和评估，同时对照社会对人才的要求，发现差距，并努力缩小差距，不断进步。

（四）因人而异原则

在职业生涯规划中，要根据大学生个人差异，诸如性格特质差异、职业兴趣差异、专业差异、个人综合素质和能力的差异，还有环境差异，比如，市场对人才的需求、就业政策方针等具体情况来设计自己的职业生涯，以便充分体现计划的个性化、针对性和差异性。

（五）一致性原则

个人职业计划目标要与企业目标协调一致，大学生是借助于企业而实现自己的职业目标的，其职业计划必须在为企业目标奋斗的过程中实现。离开企业的目标，便没有个人的职业发展，甚至难以在企业中立足。所以，大学生在制订自己的计划时，要考虑自己计划目标与将从事的企业目标协调一致。

（六）发展性原则

它主要是指大学生在制订和采取职业生涯的具体实施措施时，要充分考虑变化与发展性因素，如目标或措施是否能依据环境及组织、个体的发展性因素而做调整？因此，要从促进自身综合素质与能力的发展角度出发，把生涯设计与生涯发展和自己全面协调发展结合起来，使自己在职业生涯规划设计的实施中受益。

有人研究认为：从事自己感兴趣的职业则能发挥一个人全部才能80%～90%，而且长时间保持高效率而不感到疲劳；反之，若对从事的工作不感兴趣，则只能发挥个人全部才能的20%～30%。历史上最伟大的球王贝利曾说："我热爱足球，足球是我的生命！"执着不改的痴迷是推动贝利踢球的原动力，在一种与生俱来的兴趣引导下，贝利步入绿茵场，成为万众瞩目的英雄。所以在设计自己的职业生涯时，要考虑自己的特长，珍惜自己的兴趣，择己所爱，选择自己所喜欢的职业。任何职业都要求从业者掌握一定的技能，具备一定的能力条件，职业不同对技能的要求也不一样。如果让一名卡车司机驾驶一架民航飞机，后果将难以想象，所以在进行职业选择时要择己所长，要根据社会需要，结合自己所学专业，学习成绩和特长来实事求是地选择职业，从而有利于发挥自己的优势。职业是个人谋生的手段，其目的在于追求个人幸福。所以择业时，要考虑个人、家庭和社会的预期收益，要以利益最大化原则权衡利弊，择己所利。明智的选择是在由收入、社会地位、成就感和工作付出等变量组成的函数中找出一个最大值。这就是选择职业生涯中的收益最大化原则。社会的需求不断演化，旧的需求不断消失，新的需求不断产生。所以在设计自己的职业生涯时，一定要分析社会需求，择世所需。如在择业时要进行换位思考，由思考"我想要干什么？"转为思考"社会需要什么？"，而且思考时目光要长远，能够准确预测未来行业或职业发展方向，再做出选择。

第二节　职业生涯目标设定

 心灵咖啡

有一位父亲带着三个孩子，到沙漠去猎杀骆驼。他们到了目的地。

父亲问老大："你看到了什么？"

老大回答："我看到了猎枪，还有骆驼，还有一望无际的沙漠。"

父亲摇摇头说："不对。"

父亲以同样的问题问老二。

老二回答说："我看见了爸爸，大哥，弟弟，猎枪，还有沙漠。"

父亲又摇摇头说："不对。"

父亲又以同样的问题问老三。

老三回答："我只看到了骆驼。"

父亲高兴地说："你答对了。"

这则寓言告诉我们：进入职场，我们不仅需要设立职业生涯的目标，而且在设立职业目标后要明确自己的需要和目的，不能朝秦暮楚或者三心二意，当我们在追求职业目标的期间，应避免被其他事物诱惑和干扰，不忘初衷，然后运用专注的精力和方法策略去付诸行动，这样才能有效地实现目标，抵达成功的彼岸。

许多人刚进入职场，给自己立下了相当美好的职业目标，然而在各种影响和诱惑下，要么随波逐流，要么忘了初衷，然后渐行渐远，最后发现无法回头，后悔莫及。

职业生涯目标的设定是职业生涯规划的关键点。一个人事业的成败，很大程度上取决于有无正确、适当的目标。目标的设定，是在继职业选择、职业生涯路线选择后，对人生目标做出的抉择。

一、职业生涯目标设定的原则、方法

（一）职业生涯目标设定的"黄金准则"——SMART 原则

SMART 原则一 S（Specific）——明确性、个体化

目标必须是具体的，不可以是抽象模糊的。职业规划必须明确、清晰、具体，具有可行性。当谈论具体目标的时候，不要只是单一地说"我要找份好工作""我要成功的晋升"之类的话，这只是愿景，不是具体的规划，所以没有办法去具体执行。而"我的目标是成为××公司的超级销售员""我要在今年把工资提升到 5 000 元"——这才能称之为目标。当我们开始职业规划时，应该更加注重细节的具体化，只有细节问题处理好了，这样才不会只有大方向，却没有脚踏实地的前进步伐。

SMART 原则二 M（Measurable）——可量化

可量化指的是可衡量、可测量、有一定的评定标准，尤其针对结果而言。目标应该是明确的，而不是模糊的。应该有一组明确的数据，作为衡量是否达成目标的依据，绝不能有"大概""差不多""快了"之类的模糊修辞语。面对职业规划，我们不需要任何自我欺骗和任何借口，因为数据、数字、事实会说明一切。比如说，你做的是销售工作，整天忙得不得了，到了月底一合计却没有多少销售额，这就不行了。你说你很努力，但是数据告诉我们，你并没有比其他人更努力。用数据说话，做到了就是做到了，没做到就是没做到，是做销售员都要知道的一个道理。

SMART 原则三 A（Attainable）——可达成性

可达成性很容易理解，就是目标必须是可以达到、实现的。职业规划设定的目标要高，具有挑战性，但是，一定要是可达成的。关于"Attainable"，有的书翻译为"可行"，有的解释为"可接受"。其实无论翻译为什么，都是在强调"我们职业规划中所设定的目标一定是能够通过我们最大的努力行动实现的"。我们鼓励大家设定一个较高的职业目标，但不是鼓励设定一个虚无的、无法实现的。有的朋友也许会说"只要我想得到，就一定做得到"，其实这句话的前提就是"你的目标是可达成的"。

比如，你刚参加销售工作，还没等熟悉完业务流程，就整天鼓吹"我这个月要完成几十万元的销售额"，你要知道，老销售员一个月还没有做到的，这样的狂妄自大往往容易引来职场同事的疏远，盲目自大不等于自信！但是反过来，你第一个月设定自己的销售额要达到 5 万元，第二个月达到 8 万元，这样就可以实现自己预定的目标。当然，这里的可实现预定目标会随着能力水平的进步而不断增加，但是无论什么目标，都要根据自己的现实水平和能力来合理设定，这样，你会获得成就感，别人也会觉得你这个新同事稳重，愿意和你组成团队合作！

SMART 原则四 R（Relevant）——相关性

目标的相关性是指实现此目标与其他目标的关联情况。如果实现了这个目标，但对其他的目标完全不相关，或者相关度很低，那这个目标即使被达到了，意义也不是很大。

因为毕竟工作目标的设定，是要和岗位职责相关联的，不能跑题。比如，一个前台，你让她学点英语以便接电话的时候用得上，这时候提升英语水平和前台接电话的服务质量有关联，即学英语这一目标与提高前台工作水准这一目标直接相关。若你让她去学习 6 sigma，就比较跑题了，因为前台学习 6 sigma 这一目标与提高前台工作水准这一目标相关度很低。

SMART 原则五 T（Time-based）——时限性

目标特性的时限性就是指目标是有时间限制的。例如，我将在 2020 年 9 月 30 日完成某事，9 月 30 日就是一个确定的时间限制。比如，学生想考英语四级。你平时问他，有没有在学呀？他说一直在学，然后到即将毕业时他还未通过，这就不行，必须给目标设定一个合理的完成期限。

（二）职业目标设定的"ABC 法"

A. 可行的（Achievable）：意思是说就你的能力和特点而言，实现这个目标是现实的、可能的。如果你的外语一般、专业课成绩中等，你选择考北京大学热门专业，这个目标很难说是可行的。

B. 可信的（Believable）：是指你真的相信自己能完成这个目标，对自己的能力非常有信心，相信自己能够在设定的时间之内完成。成功者常会通过设定目标来激励自己，他们设定的目标虽然困难，但他们相信通过自己的努力和克服困难，他们是可以完成自己所设定的目标的。

C. 可控的（Controllable）：主要是指你对一些可能会最终影响到你实现目标的因素的控制能力。因此，你用什么方式来表达自己的目标非常重要。如果你说"我的目标是在 IBM 公司获得一份工作"，那么，你这种表达目标的方式就违反了可控性的原则，因为这种表述方法忽略了被拒绝的可能性。而"我的目标是在下周三之前向 IBM 公司申请一个职位"就是一个可以被接受的目标，因为你能控制相关的因素。依靠他人的帮助来实现自己的某一目标是有风险的，因为可能会忽略目标设立的"可控"原则。如果你的目标关系到他人，那么你就有必要邀请他们参加你的计划，以争取他们的合作。

二、设定职业生涯目标

（一）职业生涯目标具体设定

职业生涯目标的确定包括短期目标、中期目标、长期目标与人生目标的确定，它们分别与短期规划、中期规划、长期规划和人生规划（具体见表 4 - 1）相对应。一般来说，我们首先要根据个人的专业、性格、气质和价值观以及社会的发展趋势确定自己的人生目标和长期目标，然后再把人生目标和长期目标进行分化，根据个人的经历和所处的组织环境制订相应的中期目标和短期目标。

表 4-1 职业生涯规划分类表

类 型	定义及任务
短期规划	2 年内的规划，主要是确定近期目标，规划近期完成的任务，如对专业知识的学习，2 年内掌握哪些业务知识等
中期规划	一般为 2~5 年内的目标与任务，如规划到不同业务部门做经理，规划从大型公司部门经理到小公司做总经理等
长期规划	5~10 年内的规划，主要设定较长远的目标，如规划 30 岁时成为一家中型公司的部门经理，规划 40 岁时成为一家大型公司副总经理等
人生规划	整个职业生涯的规划，时间长至 40 年左右，设定整个人生的发展目标，如规划成为一个有数亿元资产的公司董事等

职业生涯规划关键就是将美好愿望转化为坚定的职业方向和可实现的目标。哈佛大学曾做过关于人生目标对人生影响的跟踪调查，历时 25 年。25 年以后，3% 有长期目标的学生不曾改变，不懈努力，几乎都成了社会成功人士，不乏创业者、行业领袖、社会精英；10% 有清晰短期目标的学生大都生活在社会上层，短期目标不断达成，成为各行业不可或缺的人士，如律师、高级主管等；60% 目标模糊的学生几乎都生活在社会的最底层，生活大都不如意，常失业，靠救济生活，常常抱怨他人和社会。由此可见明确的职业生涯目标的价值所在。

职业生涯目标的选择与确定可参见表 4-2。

表 4-2 职业生涯目标特征表

目标周期	特 征
短期目标	未必由自己的价值观决定；目标切合实际，有可操作性；有明确具体的完成时间；现实眼光；朝向长期目标；接受现实
中期目标	结合自己志愿和企业环境制定；符合自己的价值观且愿意公之于众；目标切合实际且有所创新；能用明确的语言定量说明；有比较明确的时间且可以适当调整；对目标实现可能性做过评估；全局眼光；与长期目标一致；改变有可能改变的事情
长期目标	它是自己认真选择的，和社会发展需求相结合；非常符合自己的价值观，为自己的选择感到骄傲；具有挑战性；能有明确的语言定性说明；在一定时间范围内实现即可；立志改造环境；长期眼光；目标如一；坚持不懈；创造美好未来

（二）制订行动方案

在确定以上各种类型的职业生涯目标后，就要制订相应的行动方案来实现它们，把目标转化成具体的方案和措施。这一过程中比较重要的行动方案有职业生涯发展路线的选择，职业的选择和相应的教育与培训计划的制订。比如，为达到理想的职业生涯目标，在校期间，在学习方面必须打好专业知识基础，全面提高自己的专业素质，同时又必须扩大自己的知识视野，完善自己的知识结构，做到厚基础、宽口径。又比如，如果认为自己的社会实践能力不强，就可以有意识地参加学校组织的各种社会实践活动，如教学实习、生产实习、毕业实习、志愿者服务、参观访问、三下乡活动、社会调查等，如果决定往行政管理方面发展，就得积极担任学生干部，在服务同学的同时，锻炼自己的策划、管理、协调等能力，不管制订了怎样的职业生涯路线，都必须指出一点的是，策略要具体、明确，以便定期检查落实情况。

（三）评估

俗话说："计划赶不上变化。"影响大学生职业生涯规划设计的因素很多，有的变化因素是可以预测的，有的则是无法预测的。对于外界环境而言，事物是处于不断发展变化中的，在遵循一定规律的前提下，社会环境也好，企业环境也好，都会因受到方方面面因素的影响而发生变化，尤其是在高科技发展日新月异的背景下，整个社会的发展呈突飞猛进的态势，这也就决定了大学生的职业生涯规划设计也要不断地进行新的评估与修正，当然不等于说规划设计可以随意更改，而是在大方向不变的情况下，根据形势的变化，结合自身的情况，对自身建设方面的某些内容、方案措施和步骤的科学调整，以至完善。比如，某些职业岗位，对人才的要求发生了变化，大学生就应该根据这些变化的要求有针对性地进行自身建设。在此状况下，要使职业生涯规划行之有效，就须不断地对职业生涯规划进行评估与修订。修订的内容包括：职业的重新选择；职业生涯路线的选择；人生目标的修正和实施措施与计划的变更等。

1. 职业生涯评估方法的内容

任何人的职业生涯规划都必定是自己设计、自己评估的，他人无法代劳。只有通过对日常工作、学习进行定量和定性的评估，才能促使自己努力奋斗，实现理想。把评估的结果作为职业生涯规划修正的依据。

（1）设定评估计划及其执行实施进展情况的时间表，并确保对照执行。

在职业生涯不同阶段，对职业规划评估的频率不一。一些职业生涯的关键阶段需多次进行评估，一些关键点则需要进行针对性评估。例如，报关与国际货运专业某同学在他的规划中，有大学三年级考取报关员职业资格证书的计划。报关员职业资格证书是个人专业技术水平的体现，根据报关员职位的任职要求，证书对毕业求职起相当大的作用。尽管考证在整个计划中所占的时间较少，但是它是一个关键点，应随时掌握其执行情况，以促使目标的实现。

（2）对目标和计划进行量化、检验和评估。

例如，计划某月参加英语四级考试，就记英语单词一项而言，在一段时间内每天要记50个，一天下来，到底记住了多少？临睡前要进行检验。

但计划中许多项是不可以"数"的。为了使自己更好地对计划执行情况进行检验，就需要把它们变成"可数"。例如，在计划中毕业后入职初始阶段，要求自己在一定时间内熟悉工作环境、跟同事建立良好关系这一项。要对其进行验收，首先要知道自己想要达到的目标程度，然后根据自己现在所达到的程度对其进行比较分析，测量出达到目的的比率。这也是计划实施的量化评估。

（3）制作评估验收工具。

评估验收工具可以是日记簿，也可自制《目标管理与自我激励工作手册》，记下目标、任务、验收条件和激励方法，定时将计划实施的验收结果填写上。

2. 评估时间

根据目标和任务的大小，完成时间的跨度，目标任务的轻重等各种因素，设定评估的时间，或按周、月，或按季、学期、年等。如学习成绩可以每学期为一个评估时间；社会实践、实习可按月或一个假期作为一个评估时间等，依此类推。

3. 评估标准

评估标准应根据不同的阶段、不同的目标而标准各异。

例如，成长阶段或职业生涯准备期，其评估标准则根据学习成绩、专业知识掌握能力、证书、获奖情况等；职业生涯探索阶段，则根据工作态度、工作适应性、专业知识、工作绩效、责任感、协调合作、发展潜力、品德言行、出勤及奖惩等，评估是否"人职匹配"；职业生涯建立阶段，如果目标是进入领导岗位，则评估标准根据领导能力、策划能力、工作绩效、责任感、协调沟通、授权指导、品德言行、成本意识、出勤及奖惩等。

4. 评估方法

（1）设计职业生涯评价表。

职业生涯评价是判断一个人的职业生涯成功与否的重要指标，并且与社会、企业、家庭密切相关，因而职业生涯评价应由社会、企业、家庭、个人多方不同的标准来衡量。只有得到来自多方面的认同和肯定前提下，个人的职业生涯才算成功。因此，职业生涯的管理、评估与考核的过程要关注多方面给予的评价。表4-3所示的职业生涯评估表可供参考。

表4-3 职业生涯评价表

评价类别	评价者	评价内容	评价标准
自我评价	本人	自己的才能是否充分施展 对自己在企业发展、社会进步中所作的贡献是否满意 对自己的职称、职务、工资待遇等方面的变化是否满意	根据个人的价值
家庭评价	父母、配偶、子女等	是否能够理解和肯定 是否能够给予支持和帮助	根据家庭文化
企业评价	上级、平级、下级	是否有下级、平级同事的赞赏 是否有上级的肯定和表彰 是否有职称、职务的晋升或相同职务职责权力范围的扩大 是否有工资待遇的提高	根据企业文化及其总体经营结果
社会评价	社会舆论、社会组织	是否有社会舆论的支持和好评 是否有社会组织的承认和奖励	根据社会文明程度、社会历史进程

（2）每日把评估、检验、考核的结果记入日记，并作为评估的依据。

（3）填写《目标管理与自我激励工作手册》作为定期考查的根据。

（4）把每天的日记结合《目标管理与自我激励工作手册》进行评估。

（5）通过评估改进学习、工作效率和生活安排，修正职业生涯规划。

5. 评估原则

（1）评估要有预见性。

评估，不仅仅是对过去的评估，更重要的是对未来内外环境的评估和预测。做不到这一点，其后所作的职业生涯规划的修正很可能是徒劳无功。

（2）评估要有准确性。

评估是为了对不足进行改进，对错误进行修正。倘若评估不准确，后果将不堪设想：或因此而误导人生、步入歧途，最终走向失败；或因此而遭遇险阻、多走弯路，延误了成功的时机。

6. 评估结果处理

（1）如果达到目标，自我激励。

自我激励措施如下：

为了使自己能够一直保持有较高的学习和工作热情，更好地完成目标管理，从而达到实现目标的效果。在结合外部的各种激励措施之外，采用有效的自我激励措施，会使激励达到最高效用，如图4-1所示。

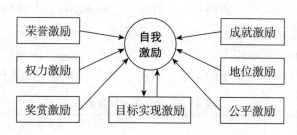

图4-1 自我激励机制

（2）如果达不到目标，进行详细分析，改进方法和提高效率，修正目标。

经过对职业生涯的管理、评估与修正，使职业生涯规划更具科学性、合理性、可操作性。也正因为通过对职业生涯的管理、评估与修正，使自己随时把握自己职业生涯的正确方向，从而把握自己的命运。

瞄准职业规划的跳槽

跳槽是职业人改变现状的有利武器，但它又是一把双刃剑。成功的跳槽能帮我们摆脱困惑，改变现状，发现和把握更好的机会。而不当的跳槽，会使人从这个困惑跳入另外一个困惑。因此，跳槽是一门学问，我们需要慎重规划和经营每一次跳槽。作为职业顾问，结合自己的职业和案例经历，认为成功的职业改变——跳槽，应该注意以下几方面：

现状分析

理性分析自己以往的职业表现，包括成功的和不成功的、喜欢的和讨厌的、存在的难以避免的问题等。如工作中哪些是得到上司认可，让自己觉得有成就感的；哪些内容是自己喜欢和擅长的，哪些是让你觉得厌烦无奈的；分析自己在以往工作中存在的问题：是人际关系没处理好，公司氛围或所在行业的局限性，还是自己工作情绪问题等。分析应该是客观和理性的，分析有助于让你看清楚自己的现状，总结以往经历中自己的得与失、长与短、优与劣。

跳槽规划

跳槽其实是职业规划中的一部分，当你觉得自己跳槽目标不清晰、不确定的时候，也意味着你是缺少职业规划的。当你觉得要做改变是必然的、确定的时候，接下来就应该考虑跳槽的目标是什么了。在制定跳槽目标的时候，应该在以后的职业中发挥自己以往经历中喜欢和擅长的内容，并且避免一些不可以改变的问题，把握扬长避短的原则来制定目标：包括具体应该从事什么样的职位、选择哪些行业、可以进入什么类型的公司等等。跳槽目标的制定看似简单，然而，很多人在跳槽时候是很盲目，只是为了跳而跳，这种状态，容易使得自己在缺乏跳槽规划下，产生职业困惑。

主动行动

光有现状分析、有想法和理想还是不够的，成功的改变还是在于理性的行动。改变必然会面临一些新的挑战和困难，如果能在面临一些不熟悉的行业和职位的面试时有一些好的表现，就需要你有改变的勇气。在面临短暂的拒绝时，能不气馁，并且能有策略地准备自己的相关求职技能，包括相关的培训、简历、面试技巧等。

跳槽规划是通过"现状分析 – 跳槽规划 – 主动行动"的过程来实现，然而，在规划跳槽的同时，我们应该注意避免跳槽中几种常见的弊病：

1. 盲目

在接触众多职业转换案例中，发现有相当一部分人在以往职业经历中的跳槽是很盲目的。如有的人以往工作一直在规模不大的公司工作，因此他把进入一家大规模的公司或500强企业作为跳槽的主要目标。结果，选择进入了大型的公司，却从事了一个不喜欢不适合的工作，导致职业发展上的困惑。

2. 被动

在众多职业人的跳槽中，有相当一部分人的跳槽是非常被动的。其被动表现在，缺乏对跳槽方向的把握，以及跳槽的职位受限制于现有的职业经历。如原来从事某工作，但工作中感到业绩不好，没有成就感。因此寄希望于换一家公司换一种环境，但职位上却重复原有的问题。或者，有的人在以往的工作中，感觉到自己是不喜欢或不适合原先工作的，但不能确定自己以后的职业目标。在考虑放弃原先经历的前提下，使得自己的跳槽很被动地接受市场的选择。

3. 急躁

有不少人在职业发展上，对自己的期望过高，希望能快速积累经验，做销售的希望能尽快签单，但一些大项目的销售必然是要接受长期的考验；做财务和技术等工作的，耐不住从事基层的职位，经过几年慢慢的积累。因此，在职业上产生一些人投机取巧、频繁跳槽的现象。几年职业经历下来，发现自己业务能力积累不多，但跳槽经历却很多。

4. 犹豫

跳槽是改变职业现状的一种方式。大多数人都能勇敢运用跳槽改变职业现状，然而也有少部分的人，在跳槽方面非常害怕和犹豫，患得患失，导致他只能徘徊于现状。他们害怕准备简历，害怕参加面试，担心到了新的环境会有一些风险出现，怕自己不能承受不可预料的风险。因此，导致自己只能安于现状。

人一生的职业生涯其实很短，职业转变和频繁、主动的跳槽也往往发生在职业初期和中期，到了一定年龄阶段要做改变就非常困难了。希望职业人士能在年龄、经历等允许的条件下，规划自己的跳槽，把握合理的机会，让自己的职业生涯发展得更好。

 实训项目1：运用SWOT法分析自己职业选择的可行性

一、实训概述

【目的及要求】

SWOT分析是一种功能强大的自我评估定位和探测职业机会的分析工具。本项目的练习目的，在于通过SWOT法，分析自己职业选择的可行性，以确立自己的职业目标。

二、实训内容

【项目背景】

通过SWOT分析法的各项训练，让学生对相关问题进行深入思考，使其知道自己的优点和弱点在哪里，仔细地评估出自己所感兴趣的不同职业道路的机会和威胁所在。

【训练步骤】

（1）熟悉SWOT分析法——四维分析法。

（2）完成下列SWOT分析法表格内容。

	优势因素（S）	劣势因素（W）
内部环境因素		

续表

	机会因素（O）	威胁因素（T）
外部环境因素		

（3）结论：

（4）我的最终职业目标：

 实训项目2：大学生涯规划目标分解训练

一、实训概述

【目的及要求】

大学阶段的学习至关重要，通过本项目的训练，让学生针对学业、生活成长、社会活动等方面做出合理的规划并付诸行动。帮助学生顺利地完成大学期间的各阶段任务，找到自己喜欢而且能够胜任的工作。

二、实训内容

【项目背景】

通过大学生涯规划目标分解训练，让学生分阶段在学业、生活成长、社会活动等方面做出合理的规划并付诸行动，帮助学生顺利地完成大学期间的各阶段任务，完成由中学生到职业人的成功过渡。

【训练步骤】

认真完成下列表格内容并照计划积极行动（以高职高专为例）。

大学生涯规划目标分解表（学业规划、生活成长规划、社会活动规划）

大学生涯规划目标分解	大一目标	学业规划目标	
		生活成长规划目标	
		社会活动规划目标	
	大二目标	学业规划目标	
		生活成长规划目标	
		社会活动规划目标	
	大三目标	学业规划目标	
		生活成长规划目标	
		社会活动规划目标	
大学生涯规划目标组合	学业目标	专业学习目标	
		与职业相关的学习目标	
	生活成长目标	体魄健康	
		心理健康	
		学会理财	
		学会管理	
		正确交友	
	社会活动目标	积累社会经验	
		提高专业实践技能	
大学生涯规划成功标准	学习生涯成功标准	学习成绩	
		专业应用能力	
	生活成长成功标准	身心健康状况	
		人际沟通能力	
		时间管理能力	

续表

	社会实践 成功标准	组织能力	
		适应能力	
		实践能力	
找出差距			
缩小差距的方案			

 心灵咖啡

　　心理学家曾经做过一个这样的实验：组织三组人，让他们分别向着10千米以外的三个村子进发。

　　第一组的人既不知道村庄的名字，又不知道路程有多远，只告诉他们跟着向导走就行了。刚走出两三千米，就开始有人叫苦；走到一半的时候，有人几乎愤怒了，他们抱怨为什么要走这么远，何时才能走到头，有人甚至坐在路边不愿走了；越往后走，他们的情绪也就越低落。

　　第二组的人知道村庄的名字和路程有多远，但路边没有里程碑，只能凭经验来估计行程的时间和距离。走到一半的时候，大多数人想知道已经走了多远，比较有经验的人说："大概走了一半的路程。"于是，大家又簇拥着继续向前走。当走到全程的3/4的时候，大家情绪开始低落，觉得疲惫不堪，而路程似乎还有很长。当有人说："快到了！""快到了！"大家又振作起来，加快了行进的步伐。

　　第三组的人不仅知道村子的名字、路程，而且公路旁每一千米就有一块里程碑。人们边走边看里程碑，每缩短一千米大家便有一小阵的快乐。行进中他们用歌声和笑声来消除疲劳，情绪一直很高涨，所以很快就到达了目的地。

　　心理学家得出了这样的结论：当人们的行动有了明确的目标的时候，并能把自己的行动与目标不断地加以对照，进而清楚地知道自己的行进速度和与目标之间的距离，人们行动的动机就会得到维持和加强，就会自觉地克服一切困难，努力达到目标。

第三节　制订学业计划　提高职业能力

大学期间大学生正处于职业生涯的探索期，探索期的规划与行动，将会对未来的职业生涯发展产生深远的影响。每个大学生都应认真制订大学学业计划，为职业生涯奠定坚实基础。

一、大学生学业计划

大学生的学业是指学生在高等教育阶段所进行的以学为主的一切活动，是广义的学习，不仅包括科学文化知识的学习，还包括思想、政治、道德、业务、组织管理能力、科研及创新能力等的学习。

大学生学业计划，是指大学生对与其职业目标相关的学业所进行的安排和筹划。具体来讲，是指大学生通过自我认知、职业认知、确定职业目标，进而制订学业发展计划。大学生学业计划能有效地帮助大学生明确学习目的，增强自我约束力和自我管理的能力，提高学习的积极性和主动性，引导大学生积极向上和自我完善，并有助于大学生进行自我定位，计划大学期间的学习活动，为今后的就业打下坚实的基础。换言之，大学生学业计划就是解决为什么学、学什么、怎么学、什么时候学等问题，以确保自身顺利完成大学学业，为成功实现就业或开辟事业提高竞争力。

在当前实际中，有不少大学生入学后很盲目，对自身的学业计划缺少设计或计划过于模糊，大学期间没有明确的目标和努力方向，学习缺乏动力，消极被动，成绩多不理想，最终导致求职竞争力不强，求职中屡屡碰壁。

美国哈佛大学曾在30年前对当时在校学生做过一份调查，发现没有做学业规划的人占27%，学业规划模糊的人占60%，有短期学业规划的人占10%，长期学业规划清晰的人仅占3%。30年后经过追踪调查发现第一类人一般生活在最底层，长期在失败的阴影里挣扎，第二类人生活达到温饱，第三类人则进入了白领阶层，只有第四类人为了实现既定目标，几十年如一日，奋力拼搏，最终成为百万富翁或是行业领袖。由此看来，大学生尽早进行科学的学业规划设计十分必要。

二、如何制订大学学业计划

（一）制订学业计划的准备

一份有效可行的学业计划一定是在充分并且正确地认识自身条件与相关环境的基础上制订的。

1. 正确分析自我

制订学业计划，首先要对自己有一个充分的了解，包括兴趣、特长、性格和各方面的能力等。可从个人成长经历和社会实践中予以分析，并结合科学认知的方法和手段，明确自身已经具备的能力和应该培养的能力。

2. 充分认识环境

制订学业计划，还要充分认识相关的环境，评估环境对学业发展的影响。一方面要认识大学阶段学习、生活的特点，认识本专业、本行业的特点及其当前形势与发展趋势；另一方面要分析社会发展的需要。

大学生应将上述几方面的分析相结合，确定自己的学业发展方向。

阅读资料

新学习，新开始

大学生活与中学生活有很多的不同之处，特别是在学习方面有很多变化需要去面对和适应。面对这些你准备好了吗？

学习内容的变化——大学学习内容广、课程多、难度大。

中学阶段，我们学习的课程一般只有十门左右，并且主要是一般性的基础知识。大学开设的课程可以分公共课、基础课、专业基础课、专业课四个层次，每一层次又包括许多门课程。在大学里，我们要学习的课程在 40 门以上，内容量大，因而学习任务要比中学重得多。大学一、二年级主要学习公共课程和基础课程，大学三年级主要学习专业基础课和部分专业课，大学四年级重点学习专业课和进行毕业设计、毕业论文答辩。大学的课程分为必修课与选修课。必修课是指学生为完成本专业的学习任务、取得本专业的学位证、毕业证书，所必须学习的课程。必修课中有公共课如大学语文、大学英语、高等数学、思想道德修养与法律基础、邓小平理论、毛泽东思想概论等，所有的学生都必须学习；必修课还包含专业基础课和专业课，是根据不同专业的人才培养方案而确定的，是本专业的学生必须学习的。为了提升学生的综合素质，学校还开设人文类选修课程，学生按规定选修人文课程、取得相应学分后，才能毕业。选修课包括专业选修课、公共选修课，前者面向本专业学生，而后者则面向所有专业的学生。

学习方式的变化。

中学学习的主要方式是课堂讲授，授课环节安排得具体而紧凑，作业练习的量大、课堂提问频繁。而在大学里，老师的课堂讲授相对减少，学生的自学时间大量增加。大学的教学计划还会安排大量的教学实验、专业实训、实习、社会调查、毕业设计等教学环节。

学习方法的变化。

在学习方法上，中学时期，老师教学生是"手拉手"领着教，学生学习的自主性、独立性较弱。而大学老师则是引导式的教学，提倡学生自主学习，要学会合理安排自己的学习、合理分配自己的时间，逐渐地从"要我学"向"我要学"转变，不采用题海战术和死记硬背的方法，提倡勤于思考，提倡创造性地学习。

管理方法的变化。

高中每个班都专门配备班主任，学生的学习、生活、课余活动都是由老师、家长全程安排、全程"监管"的，学生很少有自己独立支配的时间。而在大学，班主任的职责更多的是在人生观、价值观方面给学生以指导，介绍专业发展方向，辅导学生规划学业和职业，不再像中学班主任那样全方位的步步紧跟。并且很多班主任是由专业课教师兼任，他们同时还承担有教学和科研工作，客观上也不可能一直跟班管理。这种管理方法的变化，导致很多新生入学后一个极大的不适应，就是从原来一直"被严格管理着"到"突然没人管了"，心理上无所适从，又不懂得自我管理，从而放任自由。因此大学生如何尽快地缩短"适应期"，实现从别人"管着"，到自己"独立、自主"的过渡，实现从接受知识的学习到创造性地学习，从被动管理到自我管理，意义重大。

（二）确定大学学业目标

结合自己的理想、现有的条件和制约因素，确立整个大学期间的学业目标，并将学业计划分解成若干个小目标，制订实现小目标的任务要求、执行方案，最终实现自己的整个学业。没有切实可行的目标作为驱动力，人是很容易对现实妥协的。

大学的学业计划不能只局限于对专业的学习上，而应包含多方面的内容，其中主要包括合理的知识结构、科学的思维方式、较强的实践能力和全面的综合素质。因此，在确定大学学业目标时应把构建合理的知识结构、培养科学的思维方式、锻炼较强的实践能力和提升全面的综合素质等方面内容结合起来。

可以通过以下步骤来确立自己的学业目标：

第一步：明确自己的职业理想，未来的发展方向——从事何种职业？打算成为一个什么样的人？还可进一步考虑毕业之后的几种选择方向，例如：

（1）选择继续深造。部分大学生认为本科、硕士研究生毕业后工作会更好找，工作会更优越，待遇会更好。

（2）选择本专业就业。也有很多大学生对本专业的工作感兴趣，而且认为专升本或考研不容易，竞争激烈，而且越往后就业压力会越大。

（3）选择其他专业就业。有些大学生认为现在自己所学专业前景不是太好，应该跟随时代的步伐，找一个更适合自己的专业就业。可以通过选修课程的学习或自学、储备相关知识，为自己创造机会。

（4）选择自我创业。大学期间，学校与社会为大学生提供了丰富的锻炼机会，如大学生创业大赛、科技活动周，各种大学生创业优惠政策等。不少学生在积极参与的过程中，个人能力得到了充分的锻炼和提升，因而他们自信能开创一片属于自己的天地。

第二步：确立大学阶段的总目标。目标的确立，应综合考虑多方面的因素，比如，专业素质、英语、计算机、身体素质等应达到何种水平？专业能力、社会实践能力及其他多方面能力的提升，社会工作经验的累积以及个人的特长发挥应达到何种程度？人格的完善、学习习惯的培养、人际关系的融洽、自身缺点的修正等应达到什么标准？等等。

 **阅读资料**

大学生应具备什么样的能力?

哈佛大学心理学家霍华德·加纳的研究表明，成功人士所具备的能力一般包括七个方面：逻辑性及数理性能力、语言能力、空间能力、自我内省能力、洞察人性能力、体育能力、音乐能力。结合我国目前实际，很多学者认为，大学生应具备的能力主要有决策能力、组织管理能力、实践操作能力、适应能力、竞争能力、创新能力、社交能力、沟通能力、表达能力和积极心态。

（三）大学学业目标的分解

在制订出学业总目标以后，要对总目标进行自上而下的分解，即制订学习计划。这可以按照以下的思路进行：在校期间总的学习目标——年度学习目标——学期学习目标——月度学习目标——周学习目标——日学习目标，再将目标进一步分解细化为可以采取的具体步骤。从而使自己的学业计划落实到学习生活的每一天，确保学业计划的严格执行。

三、大学学业计划的实施

没有实施的措施，再好的计划最终也只是一纸空谈。实施措施，应包括学习、社会工作、实践等多方面的措施。例如，为达成学习目标，课堂学习采取什么措施？课外学习应包含哪些内容？通过哪些措施来养成哪些学习习惯？怎样提高学习效率？在全面素质培养及能力提升方面，采取哪些措施以培养哪些素质、提升何种能力？在专业实训及实习中，采取哪些做法以掌握何种技能？自己身上还有哪些潜能，可以通过什么方法予以开发？等等。

四、大学学业计划的评估

在实施过程中，应及时地对环境和条件做出评价和估计，对自己的执行情况做出评估。在市场经济条件下，由于现实生活中种种不确定因素的存在，使得学业计划的设计具有一定的弹性。我们应该及时反省和修正自己的学业目标，变更实施措施与计划。做到定期评估：每年、每学期、每月、每日进行检查、评估，进而分析原因和排除障碍，找出改进的方法和措施。

五、激励和惩罚

激励能使人的潜能和积极性激发出来，惩罚可以有效地防止惰性的产生。可以将自己的学业计划告诉老师、家长，当完成计划时得到他们的鼓励，当未能完成计划时得到他们的帮助；也可以告知自己的同学，两人可以互相比拼，互相激励，共同进步。

【例文 5-1】

我的大学生学业计划（部分）

目标：优秀的大学毕业生

大学目标清单（见图 4-2）。

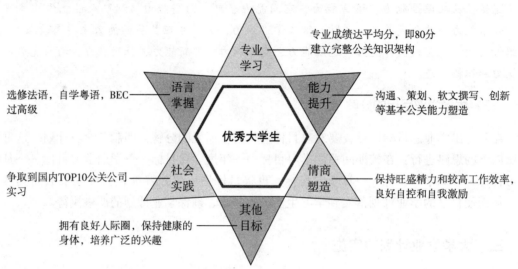

图 4-2 大学生生涯目标

其具体的年度计划如表 4-4 所示（以大三、大四学年为例）。

表 4-4 年度计划

项 目	目标重点	计 划
大三上学期	新闻传播 语言水平	备战职业生涯规划大赛和相关比赛，应征新闻记者，系统掌握公关传播方面知识，备战 BEC 高级，自学粤语
寒假	实习 英语水平	福建鑫辉塑胶有限公司实习，丰富电子商务知识，继续备战 BEC 高级考试
大三下学期	语言水平 组织管理	继续作为新闻记者，参加 BEC 考试，选学法语，参加以公关策划为方向的较大型比赛，重点学习公关危机管理
暑假	实习	公关公司实习
大四上学期	学习能力 公关知识	继续学习法语，自学掌握中级公关员考试教材，强化国际营销知识，有选择参加校园、网络招聘
寒假	考试准备	准备中级公关员资格考试
大四下学期	就业能力	出色完成毕业论文和答辩，不放弃最后专业学习，参加公关员考试，全面了解企业招聘信息，提升就业能力

其月计划如表 4-5 所示，周计划如表 4-6 所示。

表 4-5　月计划

时　间	事　件	时　间	事　件
2017 年 9 月	9 月 10 号主持辩论队换届选举并继续任队长，17 日为辩论队招新。 目标：完善辩论队体制。 9 月月底应征校新闻网记者。 目标：积累新闻写作经验，了解媒体传播	2017 年 10 月	10 月 13 日、14 日参加广州市体育舞蹈选拔赛。 目标：获得进入省赛资格。 10 月月底策划全校性"广外杯"辩论赛。 目标：在全校掀起辩论风，促进各学院辩论队成立
2017 年 11 月	11 月月底策划"广外"第二届体育舞蹈大赛。 目标：更多参赛选手，更专业化流程，更大影响力	2017 年 12 月	公关知识积累和英语能力积累
2018 年 1 月	准备各科考试。 目标：充分复习，从容应试，专业课平均成绩达 80 分	附注：	2018 年 1 月 19 日—2 月 24 日放假（2 月 7 日春节），2 月 25 日开学。 目标：实习、教授英语，备战托业

注：由于时效性问题，这里只规划了大三上学期的每月计划，大学剩余的月计划我将在每个学期的开头制订妥当。另外，每周的学习和知识积累仍然按表 4-6 所示的周计划表执行。在每个月可能会出现一段集中时间的小忙，还可能出现其他的突发工作，在繁忙期间，我将制订"日程表"（此表略），将每日需办事情按重要程度罗列，尽量做到学习和校园工作两兼顾、两不误，有侧重。

表 4-6　周计划

项　目	星期一	星期二	星期三	星期四	星期五	星期六	星期日
起床时间：7：15　　7：25—8：25　看英语报纸，复习前天背诵的英语单词							
第一大节	英语笔译	宿舍英语早读	宿舍英语早读	宿舍英语早读	图书馆自习	根据一周情况，适时调整学习策略	
第二大节	市场营销调研（全英）	广告学（全英）	旁听政管学院公关课程	机动时间（可选择旁听其他课程）		关注时事新闻	
第三大节	图书馆自习	中国古典舞基础训练（通选课）			消费者行为学（全英）	关注行业动态 进行体育锻炼	
午休时间：13：15—14：15　　13：15 分前可选择适当娱乐或自学粤语							
第四大节	营销战略管理（全英）	旁听财务管理（全英）	公共关系学（任选）	参加校内活动讲座时间若无活动，自修	消费者行为学（全英）	观看英语、美语、粤语电影	
第五大节	图书馆自习	机动	图书馆自习		图书馆自习	其他	

项　　目	星期一	星期二	星期三	星期四	星期五	星期六	星期日
晚19：00— 20：00	自主学习 和活动	自主学习 和活动	练舞	大学城舞队 训练时间	自主学习 和活动	大学城舞队 训练时间	略
回到宿舍，洗漱、休闲时间：22：00—24：00 入睡时间：00：30　睡前30分钟背诵英语单词1单元								
▇▇▇ 为学校课程设置时间　　　▇▇▇ 为自主安排时间								
自习内容：（1）各科专业课复习和完成课堂作业；（2）英语语法和英语作文水平加强，TOEIC备考； 　　　　　（3）专业相关课外阅读（范围参见读书计划）；（4）自我兴趣阅读								

注：表4-6的制定背景为一般情况，它的执行具有弹性，并非一成不变，我将根据实际情况调整，但是若无特殊情况，原则上坚决执行。

大学生涯其他目标执行细目：

拥有良好的人际关系：拥有良好的人际关系，可以使心情愉悦，可以解决很多事情。成功的PR人更是需要有一等一的人际关系！

执行方案：

（1）主动关心舍友，改掉不好的生活习惯，勤收拾桌面、勤打扫宿舍卫生、无特殊情况尽量早睡，不打扰舍友睡眠。

（2）关心班级同学，班级事务积极出谋划策，班级活动积极参加。

（3）在其他社交圈或团队中，当作为被领导者时，要服从领导，积极提出有建设性的建议，做好本分的工作，但不过分强势。当作为领导者时，要多多听听周围的声音，吸收别人正确意见。

培养广泛的兴趣：大学生涯仅剩两年，不能被繁重的学业和各种实践压垮，我要仍然保持广泛的兴趣，这样才能有一个时时有idea、时时心情开朗、时时有战斗力的我！

执行方案：

（1）经常关注时事新闻，阅读各类电子杂志，了解社会百态。

（2）继续鉴赏了解喜爱的服装设计和室内设计作品，继续设计各类海报和图片作品。

（3）有机会就去旅游，在山水间陶冶和放松自己。

（4）继续进行舞蹈训练，参加专业体育舞蹈大赛，将它发展成一个专长。

（5）有好的讲座就去听，拓宽视野，少走弯路。

（6）有节制地看粤语、英语版的电影、电视剧，偶尔让脑袋彻底地放松一下，给自己一些人生的启发，同时还能锻炼一下听力。

自我建设健康工程：健康是革命的本钱，没有健康，一切都无从谈起！

执行方案：

（1）养成好的生活习惯，早睡早起，特别是早睡（晚上00：30分之前）。

（2）每周至少一次体育活动（校健身房锻炼或打羽毛球、跑步等）。

（3）少吃辛辣、热性食物，少吃油腻食物。每天吃饭八分饱，刚刚好。

（4）保护好视力，不持续长时间盯着电脑屏幕，适时休息。

【专家点评】

以上学业计划选自广东省某大学生职业生涯规划大赛的获奖作品。这份计划目标明确——优秀毕业生；目标分解清晰、全面——包括专业、能力、语言、情商、社会实践以及其他；时间计划合理且易执行——年、月任务具体，周、日时间安排可操作性强；不愧为一份优秀作品。如果我们拿起笔来，根据自身的学业目标制订一份详尽的学业计划并付诸行动，我们在毕业之际一定会立于不败之地。

第四节　职业生涯规划设计的撰写

 心灵咖啡

王志东职业生涯的三次规划

王志东，中国IT界的名人。他所创造的新浪传奇，更是中国互联网史上最伟大的奇迹之一。不过，新浪也只是他职业生涯中一个精彩片段而已。

从最初名噪一时的新天地公司，到新浪网，再到现在的北京点击科技公司，未满38岁的王志东经历了三次蜕变，这也是他所规划的职业生涯的一道轨迹：从一个优秀的程序员，到一名职业经理人，再演变为一位充满传奇色彩的创业家。

王志东从上学期间就对电子类科学技术相当敏感，并且产生了浓厚的兴趣。他在中学期间的一次教学仪器比赛中就获得过一等奖。后来他考中北大，毅然选择了无线电电子学系，他很清楚，这是他未来的职业领域和方向。从北大无线电电子学系毕业后，王志东成为中国硅谷的一名自由软件工程师，以软件奇才扬名业内。

1989年，他进入北大方正集团从事开发工作。不久就独立研制出国内第一个实用化Window 3.0，被选为北大方正当年七大成果之一。第二年他转入北大方正负责产品二次开发与新产品研制工作。

两年后，王志东凭借自己的技术，开始立志创业，1992年4月他与同学决定创办一家电子信息公司——新天地电子信息技术研究所，他任副总经理兼总工程师，独立研制成功"中文之星"中文平台软件。

1993年年底，得到四通集团500万港币投资，王志东创办四通利方信息技术有限公司，职业方向没变，他是在不断拓展行业领域。

经过六年的深耕，于1998年四通在线完成了与美国华渊资讯的合并，王志东正式创办新浪，2000年4月新浪在纳斯达克上市。

然而新浪高层内部出现了钩心斗角，董事会排挤王志东。2001年6月，在那个网络泡沫破碎的季节，王志东离开了新浪。当时他有很多种选择，先休息半年，出去镀金或者当职业经理人，也有人让他干脆写书做广告，他花了一个月的时间来想这个问题：离开新浪之后，最适合他的是什么事？

当时王志东在问自己一个问题，现在有没有一件事情特别想做，要是不做的话，会后悔或者放不下。于是王志东决定创办"点击科技"。有了新天地和新浪的经验之后，王志东的这次创业非常谨慎，至今点击科技所有的问题基本上都没有超出当初的预计。

王志东认为，每个人都要按照自己的特点去创业，自己的三次选择，业务内容完全不一样，才有现在这个结果，"如果我离开新浪后，再做网站，不仅没有挑战性，也很难成功。创业不能随波逐流，也不能认死理，要善于学习，善于突破自己。"

从北大方正到新浪，再到点击科技有限公司，王志东在自己的职业生涯中一路走来，不断思考和规划自己的职业前途，虽然有过低谷，却也不断创造出更多的辉煌。

一、大学生职业生涯规划撰写步骤

大学生的职业规划应有别于一般的工人、农民等阶层的职业规划。由于文化程度和其他一些原因，工人、农民等阶层的职业规划可能只是保存在他们的脑海里，埋在心底里，默默地、一步一步地去实现。大学生已经接受了高等教育，有较高文字功底和文学水平，设计并写作出自己的职业规划方案并不是一件难事。精心撰写一份实用而又有效的职业规划方案显得十分必要，日后需要经常拿出来，参照它来进行评估、调整。

撰写大学生职业生涯规划应遵循以下几个步骤：

（一）自我认知与定位

自我认知与定位是个人职业生涯规划的基础，也是能否获得可行的规划方案的前提，可以通过自我评价、他人评价和人才测评来完成。自我评价主要是自己进行冷静的自我审视、自我思考，为自己作出一个比较客观的评价；他人评价主要是通过询问他人对自己的看法、让他人填写调查问卷或座谈等形式获得；网上或书上提供的测评工具进行人才测评是现今比较科学的自我认识方法之一，受到人们的肯定。通过自我认识、他人评价和网上人才测评可以清楚自己的职业兴趣、职业能力、个人特质、职业价值观、胜任工作的能力。以此为依据选择合适的职业和决定职业路线。一篇成功的职业规划方案，必定是人职匹配的。

（二）职业环境分析

每个人的职业生涯都必须依附于组织环境的条件和资源，必然受到一定社会、经济、政治、文化和科技环境的影响。环境提供或决定着每个人职业生涯的发展空间、发展条件、成功机遇和前进的威胁。编制个人职业生涯规划之前必须认真进行环境分析。可以通过访谈、文献搜索、调查等多种形式，对自己的家庭环境、学校环境与自己理想职业相关的社会环境、行业环境、地域环境、企业环境、职业环境进行分析。这一步不可忽略，否则，职业规划方案就没有根基。

（三）确立职业生涯目标

职业生涯发展目标指出了大学生个人未来职业发展的方向，是职业生涯的方针和纲领，因而职业生涯目标的确立是职业生涯规划的核心。职业生涯目标的确立应当建立在自我剖析、环境认知和自我定位的基础上，做到符合自身特点、符合组织和社会需求，注意长期和短期相结合，协调统一职业目标、生活目标、家庭目标等。

大学生应该首先确立一个适合自己的长远目标，树立职业理想。在此基础上，确定大学期间的学业目标，制订大学期间的学习计划。再分解制订学年计划、学期计划，而后再细化为切实可行的短期计划——月、周、日的计划。学年、学期计划和短期计划务必具体、切实可行，应包括实现计划的步骤、方法与时间表等。

（四）制订行动方案

一份有效的职业生涯规划必须有确实可行的行动策略。具体的、可行性较强的行动方案会帮助学生一步步走向成功，进而实现目标。在确定职业生涯目标后，就要制订相应的行动方案来实现它们，把目标转化成具体的方案和措施。

制订行动方案，要考虑的主要问题包括：为达到目标，在专业学习方面要学习哪些知识，掌握哪些技能，提高哪些实际操作能力；在实践方面，应采取哪些措施来提高工作效率，需要累积哪些实践经验；在能力提升方面，通过哪些措施来提高何种能力，等等。这些要点都要有相应的表格进行跟踪，以便定时进行检查和纠偏。

对大学生来说，这一步骤中最重要的是与职业选择相对应的教育和培训计划的制订。对于已经制订的计划，要认真思索并采用途径去实现它，尽自己最大努力做得更好。比如，对某方面的专业知识，是选择系统学习，还是咨询专家，听讲座，再或是参加社会实践，力求寻找出最有效的方案。方案的制订因人而异，因专业和学科而异，因环境而异，必须视具体情况做出具体分析，切不可照搬他人或书本上的方案。

（五）撰写职业生涯规划方案

职业生涯规划方案的撰写要建立在以上工作步骤所形成的基础之上。工作充分、信息充足才可动笔写作，不能急于求成。近年来，经过数以万计的大学生对职业生涯规划设计的实践，经过众多职业指导老师的辛勤探索、无数专家的反复研究，基本归纳出了一个通用型职业生涯规划设计模版，可供参考。但撰写时还应结合自身具体情况有所调整、有所创新。

二、职业生涯规划设计

职业生涯规划设计即是职业生涯规划书的撰写。职业规划书的基本内容包括封面、目录、正文、结束语四大部分。

（一）封面

封面一般由基本信息、职业规划撰写的时间与励志短语等内容组成。

封面示范：

职业生涯规划设计书

姓名：

性别：

年龄：

籍贯：

身份证号码：

学校及学院：

班级及专业：

学号：

联系地址：

邮编：

联系电话：

E – mail：

职业规划书形成时间：　　　　年　　　月　　　日

封面设计提示：如果我们设计的职业规划书要与同学交流，封面的个人基本信息要详尽；如果仅作个人收藏，个人信息可简单，但职业规划书形成的时间不能漏，时间的记录对日后的职业生涯管理、评估和修正都有作用。封面还可以插入与主题相关的励志短语（如规划人生 成就未来）和图片，使职业规划书更具内涵和美观。

（二）目录

目录一般包括以下内容：

1. 序言（前言）

2. 自我认知

　2.1　职业生涯规划测评 ……………………………………………………………

　2.2　橱窗分析法 ……………………………………………………………………

　2.3　360°评估 ………………………………………………………………………

　2.4　自我认知小结 …………………………………………………………………

3. 职业认知

　3.1　外部环境分析 …………………………………………………………………

　3.2　目标职业分析 …………………………………………………………………

　3.3　职业素质测评 …………………………………………………………………

　3.4　SWOT 分析 ……………………………………………………………………

（三）正文

按上述目录分别提出以下要求。

1. 序言（前言）

要求：主要抒发个人对职业规划意义的理解。做职业生涯规划设计的前提是对职业生涯规划有深刻的认识。

例如：在就业压力日趋激烈的今天，一个良好的职业规划，无疑能给自己的未来职业发展奠定坚实的基础，能给自己在未来的竞争中增加一份自信。而如今，身为大学生的我们，在这人生发展的重要阶段，不能任时光虚度，而应努力充实自己，为自己的明天储备必要的知识和能力。未来掌握在我们手中，抓住这宝贵时光，为自己的未来之路设定一个前进的方向。不断迈进，相信我的明天一定会很美好。

2. 自我认知

（1）职业生涯规划测评结果。

要求：如果运用网络测评软件进行职业生涯规划测评，在职业规划书上应充分采用测评报告中的图表来体现测评结果，这样会一目了然，较为直观（见图4-3和图4-4）；如运用书本的测评量表进行自我测量，则要求学生自己按指导语进行测量、总结、对照等，最终得出测评结果。

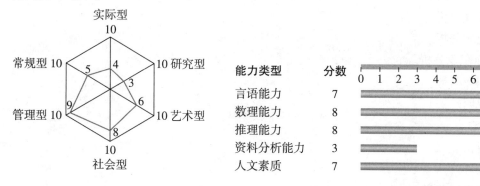

图4-3　职业兴趣测评结果　　　　　图4-4　职业能力水平构成图

（2）橱窗分析法。

橱窗1："公开的我"。

橱窗2："隐藏的我"。

橱窗3："潜在的我"。

橱窗4："背脊的我"。

（3）360°评估（见表4-7）。

表4-7 360°评估表

项　　目	优　点	缺　点
自我评价		
家人评价		
老师评价		
亲密朋友评价		
同学评价		
其他社会关系评价		

（4）自我认知小结。

自我认知小结提示：综合自我评价、他人评价和测评结果进行概括性的小结。

例如：

"我是什么样的人？"——我是一个事业心强，注重个性发展的人。

"我喜欢做什么"——我喜欢从事能充分发挥个人能力的项目性质的工作。

"我适合做什么？"——我善于从事与组织、策划、协调相关的工作。

结合上述所有分析：我希望在毕业后从事某项策划工作。

3. 职业认知

（1）外部环境分析。

①家庭环境分析。

②学校环境分析。

③社会环境分析。

④目标地域分析。

（2）目标职业分析。

①目标职业名称。

②岗位说明。

③工作内容。

④任职资格。

⑤工作条件。

⑥就业和发展前景。

（3）职业胜任力测评。

提示：运用网络测评软件测量的，可充分采用测评报告中的图表来体现测评结果；运用书本测评量表自我测量的，应按指导语进行测量、总结、对照等，最后得出测评结果。

SWOT 分析（见表4-8）。

①我的优势（Strengths）及其使用。

②我的弱势（Weaknesses）及其弥补。

③我的机会（Opportunities）及其利用。

④我面临的威胁（Threats）及其排除。

表 4 - 8　SWOT 分析

外部因素 → 内部因素 ↓	外部机遇：Opportunities	外部挑战：Threats
内部优势：Strengths	优势—机遇：SO	优势—挑战：ST
内部劣势：Weaknesses	劣势—机遇：WO	劣势—挑战：WT

（4）职业认知小结。

4. 职业生涯规划设计

（1）确定职业目标和途径。

①近期职业目标。

②中期职业目标。

③长期职业目标。

④职业发展途径。

（2）制订行动计划。

①短期计划。

②中期计划。

③长期计划。

（3）动态反馈调整。

评估、调整我的职业目标、职业途径与行动计划。

（4）备选职业规划方案。

提示：由于社会环境、家庭环境、组织环境、个人成长等变化以及各种不可预测因素的影响，一个人的职业生涯发展往往不是一帆风顺的。为了更好地主动把握人生，适应千变万化的职场，拟定一份备选的职业生涯规划方案是十分必要的。

（四）结束语

要求：对整篇职业生涯规划书进行一个总结，同时体现出自己对未来工作的决心和信心。

例如：通过这次职业生涯规划，我有生以来第一次思考自己是一个什么样的人；第一次思考我适合从事什么样的职业；第一次思考我的未来会是什么样的；第一次思考我的人生该如何规划。

人生有很多的抉择，一次次，当我们面对一个路口，面对一个拐弯，面对社会的筛选时，我们都要正确认识自己，看清自己的优势以及劣势，学会控制自己，做好自己，相信自己。路在心中，由我们掌握；路在脚下，靠我们选择！

三、职业生涯规划设计注意事项

（1）职业没有高低好坏，只有适合与不适合。只要符合自己的兴趣、人职匹配，而且自己能完全胜任的职业就是好职业。职业伴随人生1/3的时间，倘若从事自己不感兴趣的工作，将无法坚持下去。

（2）选择具有较高效度和信度的人才素质测评软件进行测评。人才素质测评是了解自我的理论依据之一，对自我的分析仅凭自我认识及他人评价还不够全面，缺乏足够的理论依据。正确的做法是将自我认识、他人评价和人才素质测评结果有机结合，形成较为全面的自我认知，据此设定的目标其信度才较高。

（3）制订的职业目标要具有合理性。要综合自己的兴趣、特长、能力、社会需要等各方面的因素考虑，目标的设定不能脱离现实（见图4-5）。要认清兴趣与能力，能力与社会需求都是存在一定差异的，我们所要做的是要在这诸多因素中找一个结合点，将自己的经历经验、专业技能、兴趣特长都有机地结合起来，这样的职业目标才会有生命力。

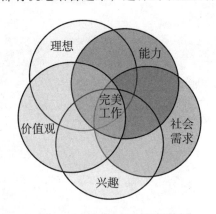

图4-5 合理制订职业目标

（4）措施要有可行性。针对职业目标制订的措施一定要具有可行性，这是评价职业规划书的一个重要部分。最好制订出长期、中期、短期计划，并拟订详细的执行方案和时间限制。高年级的同学可将重点放在就业五年内的职业规划；低年级的同学可将重点放在大学生涯的规划上，但都应突出为职业发展所做的准备工作。

（5）如果职业规划书要在同学中交流，无论是行文的风格、叙述的方式、文案的设计等，都应体现自己的风格和特色：切忌大量抄袭职业测评报告结果，可多引用测评结果中显示的图表，这样更直观。

（6）职业认知是职业规划中确定职业目标的重要环节。不少大学生仅依赖在互联网上搜寻职业信息，这样的职业认知不够全面。应该增加社会实践、见习和实习，让职业认知更具可行性。

人生规划了，不一定成功；但人生不规划，一定不能成功。只要我们通过科学的职业生涯规划，在人生的航程中，朝着既定的目标，扬起职业之帆，迎风劈浪，定能驶向成功的彼岸。

【例文 5 - 2】

职业生涯规划书

目　录

（备注：目标与本书中介绍的体例不冲突，为写书所需。）

前　言

莎士比亚说："人生就是一部作品，谁有生活理想和实现的计划，谁就有好的情节和结尾，谁便能显得十分精彩和引人注目。"

我们生活在一个浮躁的时代，新旧文化的冲击，加之观念的更新，使我们卷进一股股浮躁的旋流之中。浮躁使我们骛趋新奇，却忽视了对人生真谛的思索；浮躁使我们不能平静地暗访自己的心灵，仔细审视自己的位置、严肃思考我们的未来。如果不知道自己的行为目的何在，不明了自己的人生将走向何处，我们就势必在人生的大道上迷失自己。犹豫不定、疑惑茫然使我们陷入苦闷，但生活不应该是浑浑噩噩的，每个人来到这个世界上都自有独属于他的使命，诚实地思考人生不应该被浮躁的心态淹没。我们——当代青年，应该做诚实思考的一代，规划未来的人生之路，为自己打造锦绣的前程！

有目标，人生才不盲目；有追求，人生才有发展的动力！设计职业生涯，就是我们为了将理想人生转化为现实人生而做的精心准备。这份职业生涯规划将自我认知和职业分析相结合，比较科学、客观。它也许并不完美，但是一个适合我的设计。

……

一、自我认知

（一）基本资料（略）

（二）职业生涯测评

在专业测评网站——××网得出的测评报告

1. 职业兴趣

职业兴趣类型顺序为：

类型名称	得分	类型解释
社会型	7分	为人热情，擅长与人沟通，人际关系佳
管理型	6分	乐观主动，好发表意见，有管理才能
常规型	4分	忠实可靠，情绪稳定，缺乏创造力，遵守秩序
艺术型	4分	思维活跃，创造力丰富，感情丰富
研究型	3分	思维缜密，擅长分析，倾向于创新
实际型	2分	做事踏实，为人安分，不擅长社交

该职业兴趣类型结构为：

2. 个人风格

（1）助人：为人热情，乐于助人。

（2）易于合作：具有合作精神，人际关系较好。

（3）擅长社交：喜欢与人打交道，善于表达自己，擅长理解他人，社交能力强。

（4）有洞察力：对人际关系敏感，对人、事、周围环境的洞察力强。

（5）责任感强：较关心社会问题，对社会、自己所从属的群体、他人等均有责任心。

（6）重友谊：重视与朋友之间的感情，朋友在其生活中显得很重要，尽力与他们之间保持联络。

（7）有说服力：说服能力强，擅长语言表达，逻辑清晰，具有感染力。

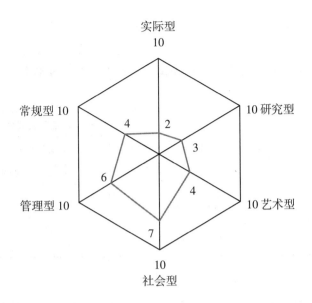

3. 职业个性特征

关心社会的公正和正义，责任感强，具有较强的人道主义倾向，社会适应能力强。通常善于表达，善于与周围的人相处，喜欢处于集体的中心地位，喜欢通过与他人讨论来解决存在的难题。不喜欢需要剧烈身体运动的工作，不喜欢与机器打交道。

4. 职业能力

能力类型	得分	0 1 2 3 4 5 6 7 8 9 10
基本智能	6	
言语能力	7	
数理能力	9	
推理能力	9	
人文素质	7	
信息分析能力	6	

职业能力水平的高低可以有效地预测人们的职业成就，反映一个人的待人处事的能力。只有较好的职业能力水平，才能适应现代社会的迅速发展、激烈竞争和高管理水平的需要。

职业能力水平对普通人员或一般性工作效率的影响：

职业能力水平	工作效率
职业能力水平很高	必须安排在智能作业中
职业能力水平较高	工作效率很好
职业能力水平一般	工作效率一般
职业能力水平较差	效率较低
职业能力水平很差	效率很低

职业能力水平对管理人员或专业性工作效率的影响：

高职业能力水平是优秀领导者的必要条件。调查统计发现，作为领导者，职业能力水平要求在中上水平；一般管理者智力在中等偏上水平；而职业能力水平较低者，可以担任基层管理，但在竞争中则可能处于劣势。

职业能力水平	管理效率或专业成就
职业能力水平很高	可以成为高级管理人员，并取得较好成绩
职业能力水平较高	可成为公司中高级管理人员，并取得一定的成绩
职业能力水平一般	能够胜任初级管理工作
职业能力水平较差	适于一般性工作
职业能力水平很差	不适于管理工作

5. 职业价值观

价值观是指个人对客观事物及对自己的行为结果的意义、作用、效果和重要性的总体评价。职业价值观就是个人对不同职业进行评价的心理倾向体系，它探讨人们在职业选择和职业生活中，在众多的价值取向里，优先考虑哪种价值。

由于个人的身心条件、年龄阅历、教育状况、家庭影响、兴趣爱好等方面的不同，而每种职业也有各自的特性，因此，不同的人对职业特性的评价和取向是不同的，这就形成个人职业价值观的差异。由于这种差异，人们在就业方向和具体职业岗位的选择上，甚至在具体工作的投入上都会因此而受到影响。

6. 个性特征

以事为主		步调快、独断、直接、外向				讲关系	以人为主
	独立	支配型	支配影响型		影响支配型	影响型	
		支配服从型	支配稳健型	支配影响稳健型	影响服从型	影响稳健型	
			支配稳健服从型		支配影响服从型		
	喜支配	服从支配型	服从影响型	影响稳健服从型	稳健支配型	稳健影响型	爱助人
		服从型	服从稳健型		稳健服从型	稳健型	
		内向、间接、保守、步调慢					

（1）综合特质

①非常独断。

②采取直接有力的行动或迷人的社交手腕。

③人生目标明确并有完成的决心与毅力。

④试图取得支配权。

⑤期望受到真心的尊重与喜爱。

（2）能力优势

①勇于挑战。

②在困难环境中成长茁壮。

③承担风险以获得成功积极主动。

④充满冲动与活力。

（3）人际关系

①社交能力强。

②极具说服力。

③展现迷人的魅力。

④面对压力则变得严厉。

⑤外向且步调快。

⑥面对问题不怕冲突。

⑦不推诿退缩。

（4）激励因子

①工作与生活都有成就。

②不喜欢原地踏步。

③喜欢具有困难度的挑战。

④远大的目标与企图。

⑤不断朝目标前进。

7. 基于测评结果的职业生涯规划

（1）与职业兴趣相适应的职业特征：从事更多时间与人打交道的说服、教育和治疗工作。

（2）与职业能力水平相适应的职位定位建议：较符合中高级职位的要求，工作效率高，并能取得较好的成绩。

（3）与职业价值观相适应的职业特征。

①经营取向的工作。

②才能取向的工作。

③志愿取向的工作。

（4）与个性相适应的职场特点：希望有舞台，得到掌声；与人互动接触，能发挥口语表达能力；工作气氛愉快。

（5）综合职业类别定位。

根据职位胜任原理、人岗匹配的原则以及测评结果，将提供与自己的职业兴趣、职业能力水平、职业价值观、职业个性等相适应的职业类别。需要提醒自己注意的是在不同企业文化中，即使同样的职位，工作内容也会大相径庭。在应聘工作时除了工作名称之外，自己更应该深入关注工作的具体内容及相应的企业文化。

近期职业目标：导游，发行主管，房地产代理商，房地产营销人员，房地产中介，跟单员，航空运输服务人员，家教，节目主持人，前台接待/礼仪/接线生，社区服务，行政助理，演艺经纪人，演员，银行接待员。

中远期职业目标：导游，发行主管，房地产策划人，房地产开发，房地产投资开发商，教育教学单位负责人，节目主持人，新闻广播员，新闻撰稿人，行政事务人员，行政助理，演艺经纪人，演员，银行接待员，总编。

（三）自我认知

1. 职业兴趣——喜欢干什么？

我的具体情况是：喜欢从事与人接触的工作，关心社会问题，乐观主动；喜欢校园里富有青春气息的工作环境，喜欢按照计划有规律地安排工作，追求稳定的工作环境，不喜欢变动。

2. 职业能力——能够干什么？

我的具体情况是：具有较扎实的专业知识技能，善于进行组织管理，比较擅长与人沟通交流；自身发展较全面，人文素质的水平较高，工作能力较好，创新能力和机械操作能力较差。

3. 个人特质——适合干什么？

我的具体情况是：我适合在人群中表现自己，发挥个人的才干，获取他人的认同感。胆汁—多血质混合型气质，精力旺盛，果断直率，兴趣广泛，适合从事社会型工作。具有激情，善于思考，权欲意识较淡薄，不适合权欲争斗激烈的工作环境。

4. 职业价值观——最看重什么？

我的具体情况是：很看重自身才干是否得到发挥，在工作生活中是否实现个人的人生价值，关注他人和社会对自己的评价与看法，关心社会问题，热心公益事业，力求用社会所宣扬的道德标准和评价尺度来要求衡量个人对他人和社会的贡献程度。

5. 胜任能力——优劣势是什么？

我的优势能力	我的弱势能力
绝不坐以待毙，会抓住机遇主动出击；乐观积极，对工作有较高的忠诚度和稳定性；善于观察学习，并从失败中吸取经验，不断改进	与他人的协调配合能力不强，有时没有自己的主张；社会经验太少，抗压和应变能力不够；有时可能太冲动，考虑问题不全面，做事较马虎

（四）360°评估

评价分类	优　点	缺　点
自我评价	勇于挑战，不怕失败，乐观，自信	冲动，做事急躁，没有恒心
家人评价	从小就不让家人操心，很听话	有时候脾气很坏，也不跟我们说话，越来越懒了

续表

评价分类	优　点	缺　点
老师评价	很有上进心的一个女孩，蛮有灵气	社会经验太少，有时候会害羞怯场，做事不够细心
亲密朋友评价	很好相处的一个人，很开朗，也很关心朋友，是一个很好的倾听者	有时会太活跃，过于强势，给周围的朋友带来压迫感
同学评价	敢于挑战，很活跃，比较会讲话	不够稳重，生活步骤太快，有时容易冲动
其他社会关系评价	吃苦耐劳，对工作很负责任	比较健忘的一个人，做事不够有耐心

自我分析小结：

我是一个对生活满怀热情、积极乐观、主动进取的人，大多数时候对生活的感觉是幸福的。有表现欲，喜欢与人交际，对自己的认识比较透彻，对自己的定位也比较客观。对自己的人生有憧憬和规划，但缺乏恒心和毅力，有时会比较情绪化，影响工作效率。自制能力较差，无外力约束时，很容易沉迷于某物，兴趣广泛，但不持久。

（五）气质分析表

气质特性	被认为是长处	被认为是短处
凡事追求合理性	富有理性，较为理智，能正确分析、认识事物	冷漠、薄情，过分想得开，把事情看得太淡
擅长批判、分析	思想敏锐、机智，为人风趣、诙谐	凡事好论长批短，好刺伤他人感情
有献身社会的愿望	社会责任感强，服务精神较好	不够谦虚，具有功利心，较为自傲
善于调整人际关系	办事周全，为人可靠，工作能力强，较为公正	好迎合他人，巧于周旋
为人随和，具有亲和性	待人亲切，对他人关心，为人办事可靠	易受他人左右，自主性不强
重大问题上好听取他人意见	处事慎重，有民主作风	决断力不足，不能委以重任，不可依靠
善于控制自己的感情	沉着冷静，感情始终如一	缺乏激情，缺少人情味，过于呆板
在家庭里情绪无常，反复多变	具有激情，感情细腻	脾性怪癖，难以捉摸，具有双重人格，随心所欲

气质特性	被认为是长处	被认为是短处
对他人多持有距离感，留有余地	待人公正，不搞亲亲疏疏，不拉帮结伙	待人冷漠，为人不开朗，不够义气
办事爽快，但持续性差	办事效率高，能掌握要领	缺乏毅力，虎头蛇尾
喜好空想	有理想，有灵感，有感情	孩子气、浅薄，脱离实际
兴趣广，但不沉溺	自制力强，兴趣广泛而好学上进	热情不足，钻研精神差，没常性
对经济生活态度较为理智	具有经营能力，生活能力强，对家庭具有责任感	计算太精，吝啬，不注重习俗
希望生活能得到最低限度的稳定	生活踏实，寡欲，安分守己	对私生活看得过重，保守，甚至个人主义
有避免力量争斗的倾向	和平主义，权欲意识淡薄	平庸无为，没有志气

（六）橱窗分析法

橱窗1."公开我"：平时我给大家的印象是个子矮矮的，不怎么爱打扮，穿着随便，总是笑脸迎人，大多数时候是富有朝气，积极上进的一个人。

橱窗2."隐藏我"：易情绪化，有时会比较敏感，为细枝末节的小事一个人在心里生闷气。

橱窗3."潜在我"：有时是自私的，爱幻想，有时会有些自我膨胀，自命不凡。

橱窗4."背脊我"：对人不够坦诚，有时急于求成，因小失大；比较孩子气。

（七）自我认知小结

好胜、好强，喜欢参与社会活动，生活有目的、有计划，喜欢在群体中赢得一席之地，获得他人的认可。能够吃苦，责任心较强，有社会良知。做事拖拉，社会和工作经验不足，与同学交流太少。没有经济意识和理财观念。学习总是缺少持久的动力。

二、职业认知

（一）外部环境分析

1. 家庭环境分析

出生于××市一个普通的农民家庭，父母均在家务农，家庭经济收入主要来源于父亲的工作。目前家庭储蓄能支持我读完硕士研究生。我们家就我一个孩子，父母亲不要求我取得多大的成就，只希望我每天都过得很幸福。他们坚持要求让我考研，继续读书，提高自己的综合素质。父亲是高中文化，党员，高中毕业后自学参加成人的大学考试，获得大学文凭。他非常重视知识的终身学习和吸收，自学照相、会计业务、电器修理、电路维修、保险业务等知识，生活态度很乐观。母亲初中文化，常年患有风湿、骨质增生等病痛，但生活态度非常积极，与乡邻关系非常融洽，一直很关心我的学习和生活。从小就要求我做农活，培养吃苦耐劳的精神。我与家里保持固定的联络，进行沟通交流，每周一次电话，每两个月一封书信。父母亲达观的和与人为善的生活态度耳濡目染地影响着我。

2. 学校环境分析

我就读于××师范大学，最近几年我校的办学方针是：办一所综合性、有特色的大学。在过去几年的招聘活动中，各中学反映我校师范生的教师技能水平整体下降。这引起了学校的关注，而且去年教育部就下达了要加强师范类学校的师范生技能培养的要求。本科评估至今，我所就读的社会历史学院加大了师范生专业技能培养的力度，也呼吁大家重视基本知识的学习。学校勤工助学部也积极为家境贫困的师范类学生提供家教岗位，并通过爱心家教等活动促进我们实践经验的积累以及加深对教师行业的认识。但师大在扩招中忽略了对教学工作的重视，近年来全国各大高校都反映出本科毕业生整体素质下降的情况。若想在知识上取得更大的突破，需要到重点高校进行进一步的深造。

3. 社会环境分析

近年来，社会就业形势一直非常严峻。我们历史教育专业的本科毕业生，今年的就业率为97%，比较良好。如前言所述，国家开始重视师范生的教育，出台了许多政策，如选调、支教等，对于落实本科生就业是很有帮助的。据了解，现在全国各省、市、区、县的重点中学一般都要求本科学历以上，许多国家教育部直属的师范类高校的本科毕业和硕士毕业生与我们一同竞争，因此就业形势不容乐观。

4. 职业环境分析

（1）行业分析

当前教育行业的现状是：在各个经济发达的城市，特别是沿海城市有渐趋饱和的倾向，但是内陆及经济欠发达地区，各级各类学校对教师的需求量还是很大的。国家的政策鼓励大学生到基层工作，到西部去支教。各个中学历史老师的需求量不是很大，一方面这与学校的教学方针和要达到的升学目标有关，另一方面又与在任的历史教师的变动不大有关。这就要求去应聘的毕业生有过硬的技能，而且重要的是要在求职招聘中表现出色。

（2）地域分析

毕业后，我打算回到家乡××市工作。近年来，××市经济飞速发展，城市工业化和现代化进程不断加快。××市是一个比较重视文化保护与传承，注重发展教育的城市，教育事业非常发达。有几十所各级各类高等教育院校在这里建校办学，中小学发展也很迅速。从我个人角度讲，如果能回到××市工作，对于收集各类信息，正确处理家庭与工作的关系非常有利。

（3）企业分析（学校分析）

学校是一个以系统培养人才和组织教育教学为目的的单位。学校的文化氛围较浓，要培养学生的科学知识、人文素养等，作为一个培育人才的教育机构，学校是永远不会被淘汰的，只会进行调整和改革，如目前全国大部分中学正在进行的课改。学校的工作氛围比较融洽和平，没有非常激烈的矛盾利益冲突，而且学生给校园带来了生气和活力，让整个工作环境显得比较轻松。

（二）目标职业分析

目标职业一：中学历史教师

中学历史教师的工作内容就是从事历史教学工作，抓好所在班级的升学率。有些担任班主任的老师，还要组织班级管理，处理学校的日常事务。这一工作要求从业人员要有较强的责任感，有敏锐的洞察力，擅长与学生和同事进行沟通交流，踏实工作，以身作则。这一职业很可能会向教育教学的单位负责人和行政人员方向发展。从班主任开始做起，以认真负责的态度对待工作，可以说这一行业的发展前景是很不错的。

目标职业二：

1. 目标职业名称

高级中学副校长（业务）。

2. 岗位说明

这个岗位的从业人员，需要具有良好的沟通交流和学习能力，富有责任心，工作热情高，富有团队精神。具有良好的语言表达能力、组织能力和教科研能力。

3. 工作内容

协助校长工作，分管教学工作；领导教务处开展工作；制订学校的教学工作计划；抓好教学常规管理工作；抓好教师业务培训工作。

4. 任职资格

具有本科以上学历和中级以上职称，具有高尚的师德和良好的教风以及扎实的教学基本功。在教育教学中坚持党的教育方针，具备教师任职资格，能做到既教书又育人。对中考、高考有一定的教学经验，从事中学教育教学工作五年以上的经历。

5. 工作条件

这一职业的工作条件较好，教育部及各级各类政府和学校都在不断提高教师的社会地位和工资水平，注重对教师的人性化管理，福利较好，工作环境较安定。

6. 就业和发展前景

高级中学的副校长，特别是分管业务的副校长，一般是从基层教师做起，积累多年的教学经验，并已担任中层及以上的干部职位。刚毕业的社会新人不可能担任中学副校长的职务，就业应首先以教师的工作作起点。这一行业和目标职业在中学教学和班主任工作中才能得到深入的发展。

（三）人职匹配分析

社会专业人士认为中学历史教师应具备的十大方面素养与我个人兴趣、能力、个性、价值观的匹配分析：

（1）崇高的敬业精神和职业道德：我个人具有较强的责任心和工作稳定性，不喜欢跳槽。

（2）与时俱进的教学理念：我个人勇于挑战，主动出击。

（3）扎实深厚的教研功底：在本科学习阶段，积极参与论文写作的训练，并对日常的生活、学习进行比较细致的观察思考。

（4）开阔视野，广博的知识：兴趣广泛，活动参与的积极性高。

（5）掌握全新的教学方式，积极实践研究性学习：较好地学习了教学手段和教学方法，密切关注课改动向。

（6）能熟练运用信息化教学手段：已能较好地运用多媒体手段。

（7）良好的语言表达能力：参与演讲与辩论比赛，在年级事务和社团活动中已训练出较好的语言表达能力。

（8）较强的人际沟通能力：身边的人一般都认为我是个很好相处的人，比较喜欢与人交谈。

（9）兴趣广泛，作风正派，仪表良好：用学为师范、行为示范的标准要求自己的日常言行。

（10）对学生态度和蔼，有耐心，平易近人：关心年轻人的成长，愿意与他们一同分享成长的烦恼与喜悦。

（四）职业定位及 SWOT 分析

综合第一部分（自我分析）及第二部分（职业分析）的主要内容得出本人职业定位的 SWOT 的分析：

	优势因素（S）	弱势因素（W）
内部环境因素	自信、乐观，有干劲，对生活充满希望，个人综合素质和能力水平较高，有明确的生活目标	冲动，有时不够理智，做事不够稳重，比较马虎，没有持久的恒心和毅力
	机会因素（O）	威胁因素（T）
外部环境因素	有家庭经济保障和父母的全力支持。学校属师范类学校，在教师技能的培养方面比综合性大学有优势。国家重视师范生的培养	就业形势严峻，农村家庭出身对于我个人的就业不能提供实质上的帮助。专业对口的企事业单位很少，就业领域狭窄

我的优势（Strengths）及其使用：由于乐观、自信、有干劲，课余多利用参与社团活动和学生工作的机会，建立自己的人脉关系网，向他人学习经验，提升自己的能力。

我的弱势（Weaknesses）及其弥补：冲动、急躁、易情绪化，常使事情事倍功半。因此，要时常提醒自己应该冷静地分析问题，学习书法，每天慢跑，有意识地纠正急躁的个性。

我的机会（Opportunities）及其利用：在父母的全力支持下备战考研，排除一切杂念，继续深造，充实自己。密切关注国家教育政策对师范生的工作落实情况和帮扶动向，机动地调整自己的职业生涯计划。

我面临的威胁（Threats）及其排除：就业人数剧增，而社会需求量又有限，加上重点类院校毕业生对我们造成的竞争压力，就业形势相当严峻。我们应该化压力为动力，唯有提高个人的能力和素质，并在招聘面试时表现出色，才能获得较好的工作机会。为了加强个人素质，我决定本科毕业后报考北京师范大学的历史系研究生。

（五）职业认知小结

中学历史教师属社会型工作，教师需性格开朗，态度积极，喜欢服务和教育他人，关心学生，热爱本职工作。还应具备一定的教育教学水平和组织管理能力，并具备国家规定的教师任职条件及有教师任职资格证书。

中学历史教师的工作环境较好，工作条件随社会经济发展不断得到改善。

中学副校长（分管业务）应具有一定的管理才能和统筹全局的能力，善于组织配合，有一定的教学业务基本功和教科研能力。社会地位较高，工作条件好。

基于以上的分析，最终我确定了我的人生目标是：区（市）属高级中学特级历史教师及副校长。

三、职业生涯规划设计

（一）职业定位

职业目标	将来从事高级中学历史教师和中学分管业务的副校长职业
职业发展方式	进入到高级中学工作，到××市下辖市、区发展
职业发展策略	先走专业路线再转行政管理路线发展
具体路径	优秀本科毕业生——出色的具有较高综合素质的硕士毕业生——高级中学历史教员——中学一级历史教师及班主任——高级中学高级历史教师及教研组长——特级教师及副校长。

计划实施一览表

计划名称	时间跨度	总目标	分目标	计划内容	策略和措施	备注
短期计划（大学计划）	2016—2020年	大学毕业时取得学士学位，成为优秀的本科毕业生	大一时期要扩展自己的知识面和广泛阅读，加强专业知识的储备；学习在社团中工作和与人交往；大二时期要加强专业技能的培养，建立自己的人脉关系网；大三时期要储备一定的社会实践能力，学会统筹规划，组织管理团队；大四时期要能交出一份优秀的毕业论文，争取在省级刊物上发表，考取北师大历史系研究生	计划能通过努力学习，使专业成绩位列整个专业前20%；系统掌握教学的能力；提升自己在多媒体运用、说课、片段教学等方面的职业素养；通过担任家教和参加课外实践活动来提高实际操作能力和组织能力	大一时期以适应大学生活为主；大二时期以专业学习和参与社团工作组织年级事务为主；大三时期以掌握专业知识技能和准备考研为主；大四时期以调整身心，充实自己和撰写毕业论文及考研为主	大学阶段职业生涯规划重点是抓好专业知识的学习，提高自身综合素质，努力考取北师大的研究生

续表

计划名称	时间跨度	总目标	分目标	计划内容	策略和措施	备注
中期计划（毕业后八年计划）	2020—2028年	以优异的成绩取得北师大的硕士文凭，毕业后参加××中学的统一招聘考试，成为职业新人。工作第三年当上班主任	研究生阶段要积累一定的社会经验，扎实掌握专业论文写作能力。职业新人阶段，逐步建立起自己的职场人际关系网。掌握教学技能，熟悉班主任工作	适应研究生的学习和工作环境、与导师、同学建立友好关系，利用闲暇时间做兼职，尽早适应职场。在就业后，增强职场适应能力，逐步在教学教育行业中积累三脉（知脉、人脉、钱脉）争取升迁机会	研究生第一年努力加强自身的专业知识储备，寻求社会实践的机会。研二开始着手准备硕士论文的资料收集和整理。研三动员亲朋好友和在×市的老师同学，收集中学的招聘信息，准备就业，撰写硕士论文	此阶段规划的重点以优异成绩完成学业，训练职场应变能力，积极探索教学方法。具备较为扎实的教学水平
长期计划（毕业后十年计划）	2028—2038年	基本实现职场目标，达到事业的高峰	取得高级中学历史教师资格证书，担任教务处主任	在安排好家庭和子女教育的前提下，尽量促进事业升迁，工作重心可以从教师岗位转向行政管理，保持健康的心态和体魄	在省级以上刊物发表关于教育教学的论文，争取评为省级以上的"优秀教师""优秀班主任"等荣誉称号。参加省级以上教育行政部门举办的教师业务比赛，争取获奖	平衡家庭与工作的关系，在两者发生矛盾时，以子女的教育和家庭的和睦为首要考虑对象

（二）具体行动计划

1. 本科准备阶段（2016—2020年）

学历目标：
完成本科学业，拿到学位证书。通过英语六级考试、国家计算机二级考试。考取教师资格证，拿到国家普通话二甲的证书。

成果目标：
入党，拿到奖学金，写专业的论文，并争取获奖。争取做学生干部，组织策划年级活动。

核心目标：
成为优秀的历史专业本科毕业生。

能力目标：
具备扎实的专业知识，与同学建立良好的友谊关系。在各项活动中全面提高综合素质，让父母感到安慰。

经济目标：
利用平时的课余时间勤工俭学，减轻家庭经济负担。

健康目标：
每天至少锻炼一小时，增强体质。常年保持身心健康。

本人现状：目前专业成绩较好，且并不安于现状。在学习方面，吸取上学期经验，探索适合自己的学习方法，争取使成绩大幅度提高。在工作能力上，积极、主动参加年级"两委改选"、院辩论赛、记者团、运动会等，提高各方面的能力，扬长避短，锐意进取。

实施方案：

（1）通过英语四、六级考试（大二和大三）。

必要性：英语四、六级考试直接衡量一个人的英语水平，成了毕业生求职必不可少的武器。

可行性：客观条件，大学一、二年级开设公共英语课，此次我校本科教学评估要重点提高本科生英语的听、说、读、写能力。

主观条件：对英语有强烈的兴趣，相信事在人为，只要坚持每天听、读英语，就一定会达到目的。

（2）拿奖学金（大二和大四）。

必要性：家庭较困难，拿奖学金可以减轻父母的负担。大学里的首要目的是学习，争取拿奖学金可以更加有力地促进学习。成为优秀大学生有助于以后就业。

可行性：学习目的明确，坚持学习是第一位，平时学习较认真、刻苦。

（3）入党（大三）。

必要性：可以提高自己的思想政治素质和道德水平，提高自觉为同学和社会服务的意识，促使自己更加严格地要求自己。

可行性：已被确定为入党积极分子，参加入党积极分子培训，正接受党组织的教育。

（4）通过国家计算机二级考试（大三）。

必要性：计算机操作是当今社会的一门必修课。

可行性：已经通过计算机一级考试，具有一定的计算机技能。经常上机实际操作并自学计算机课程。

（5）考取教师资格证（大四）。

必要性：教师资格证是成为一个教师的必要前提。

可行性：大学四年，师范生教育专业的系统培养。

（6）努力提高自身的综合素质（大学四年）

必要性：社会发展对毕业生的综合素质要求越来越高。

可行性：每天都要锻炼一小时，加强身体素质，保持健康体魄。积极参加各种活动，在实践中锻炼能力。与人为善，多与同学交流，扩大交际圈。利用课余时间参加社会活动、兼职等，为就业提前做准备。

2. 教育进修期的前期准备期（大三和大四）

目的：考取北京师范大学的历史系研究生。

原因：

（1）北京师范大学是全国重点大学，历史专业的实力居全国高校前列。

（2）本科教育不能满足我对知识和能力的追求。

（3）北京是全国政治、经济、文化的中心，机遇很多，方便信息的收集和视野的开拓。

奋斗期：大学四年。

实施准备：

（1）一定成为优秀的历史专业本科毕业生。

（2）多阅读权威专业论文，向老师、辅导员、师兄师姐学习论文写作，锻炼写作能力。

（3）搜索历史方面的资料，思考历史论点，准备个人论文。

（4）关注考研动态，搜集考研信息。

（5）加强英语学习的能力。

（6）多与教授沟通、交流，以能者为师。

3. 教育进修期　2020—2023 年（23～25 岁）

（略）

4. 职业新人期　2023—2026 年（25～28 岁）

（略）

5. 职业过渡期　2026—2029 年（28～31 岁）

（略）

6. 职业发展期　2029—2035 年（31～37 岁）

（略）

7. 职业稳定期　2035—2043 年（37～45 岁）

（略）

8. 职业衰退期和离职（45 岁以后）

（略）

（三）评估调整及备选规划方案

职业生涯规划是一个动态的过程，必须根据实施结果的情况及变化进行及时的评估与修正。

1. 评估的内容

职业目标评估（是否需要重新选择职业？）：假如硕士研究生毕业后在××市一直找不到合适的中学历史教师工作岗位，我仍不会放弃当教师的愿望。我将参加全国或其他省市的招聘考试，先到外省工作。工作几年后，再寻求机会回来参加应聘，在××市长期工作下去。

职业路径评估（是否需要调整发展方向？）：假如由于家庭、自身工作能力等因素的影响，没办法胜任学校管理的工作，那么我将放弃向行政管理发展的计划，不再为争取担任学校副校长而努力，全心全意搞好历史教学，争取在科研、教育教学工作上多出成效。

实施策略评估：（是否需要改变行动策略？）：如果不能通过硕士研究生考试，我就先就业，以后再在职考研，继续进修。

其他因素评估（身体、家庭、经济状况以及机遇、意外情况的及时评估）：有突发情况出现，会更多地配合家人的需求，放弃一些事业的追求，把身心的健康、幸福放在第一位。始终秉持对他人负责的人生态度，为周围人的需要可适当减少个人的名利追求和物质享受。

2. 评估的时间

一般情况下，我定期（半年或一年）对前期的规划进行小结和评估，对未来的规划进行适当的调整。当出现特殊情况时，我会随时评估并进行相应的调整。

3. 备选职业规划方案

个体易受社会环境、家庭环境、组织环境、个人成长曲线等变化以及各种不可预测因素的影响，因此一个人的职业生涯发展往往不是一帆风顺的。为了更好地主动把握人生，适应千变万化的职场世界，拟定一份备选的职业生涯规划方案是十分必要的。

我的备选职业规划方案：2018 年 9 月，考取国家导游资格证书。在追求职业目标过程中若受到很大的阻碍，将考虑走迂回路线，先从事导游工作。

结束语

通过对职业生涯规划的设计，发现职业就等同于人生、等同于生活。春天播种，秋天收获，执着地追求总会有收获，生活难免遇上挫折，不应害怕变化，而应及早做好规划，应对变化。

对于职业生涯规划，我的认识是，一个人确定自己一生的理想目标，并根据这一目标来进行相关努力，这就是职业生涯设计。也只有通过精心地策划以及不断地修正和努力，一个人才能实现自己的愿望，达到自己的目标，走上成功之路。虽然我不得不承认我的前途充满了许多不定因数，而且在计划实施过程中，还会遇到许多障碍，我的职业规划还有很多地方欠考虑，但我相信，有梦想，有行动，就一定有结果。只有通过努力奋斗，才能在现实的土地上，朝着理想不断迈进。

过好每一天，全心全意地用行动诠释自己的梦想，用点滴勤奋去浇灌成功的花朵。

（以上例文来自网络资料，略有修改、删节）

【专家点评】

这份大学生职业生涯规划书内容完备，信息充足，将多种专业测评与深入分析相结合，对自己的职业生涯做出了比较科学细致的规划设计。自我认知运用多种方法，对自身优势、劣势把握到位；职业认知部分，对环境、职业分析透彻，职业倾向和生涯目标定位明确；行动方案分期明确，策略和措施有效可行。

【例文 5-3】

职业生涯规划书

踏着时光的车轮，我已走到 20 岁的年轮边界。

驻足观望，电子、网络铺天盖地，知识信息飞速发展，科技浪潮源源不绝，人才竞争日益激烈，形形色色人物竞赴出场。不禁感叹，这世界变化好快。身处信息社会，作为一名当代大学生，我不由得考虑起自己的未来。在机遇与挑战粉墨登场的未来社会里，我究竟该扮演怎样一个角色呢？

水无点滴量的积累，难成大江河。人无点滴量的积累，难成大气候。

没有兢兢业业的辛苦付出，哪里来甘甜欢畅的成功与喜悦？没有勤勤恳恳的刻苦钻研，哪里来震撼人心的累累硕果？只有付出，才能有收获。未来掌握在自己手中。

由此想起过往岁月中的点点滴滴，我不禁有些惭愧。我对自己以往的表现不是很满意。我发现自己惰性较大，平日里总有些倦怠、懒散，学习、做事精力不够集中，态度也不够端正。倘若不改正，这很可能会导致我最终庸碌无为。不过还好，我还有改进的机会。否则，岂不遗憾终生？

一本书中这样写道："一个不能靠自己的能力改变命运的人，是不幸的，也是可怜的。"因为这些人没有把命运掌握在自己的手中，反而成为命运的奴隶。而人的一生中究竟有多少个春秋，有多少事是值得回忆和纪念的？生命就像一张白纸，等待着我们去描绘、去谱写。

而如今，在这个人才竞争的时代，职业生涯规划开始成为在人才争夺战中的又一重要利器。对企业而言，职业生涯规划是落实"以人为本"的人才理念，关注员工持续成长的一种有效手段；对每个人而言，职业生命是有限的，如果不进行有效的规划，势必会造成生命和时间的浪费。作为当代大学生，若是带着一脸茫然，踏入这个拥挤的社会，又怎能满足社会的需要，为自己赢得一席之地呢？因此，我试着为自己拟定一份职业生涯规划，将自己的未来好好地设计一下。有了目标，才会有动力。

一、自我盘点

（1）优势盘点：学习成绩优秀，班级群众基础好，受到父母、亲人、班主任、任课老师关爱，动手能力较强。

（2）劣势盘点：目前的手头经济状况较为窘迫，"海拔"高度不够，体质偏弱。

（3）优点盘点：做事仔细认真、踏实，友善待人，做事勤于思考，考虑问题全面。

（4）缺点盘点：性格偏内向，交际能力较差。

（5）兴趣爱好大盘点：听音乐、体育运动、看电影。

二、解决自我盘点中的劣势和缺点（略）

三、职业探索

并不是每个人一开始就可以选对自己的职业。职业之路可能要经过长期的探索，不断地调整，才能最终找到适合自己发展的道路。通过上面自我评估并结合职业价值观、综合素质与职业测评的结果，我找到了一条适合自己的职业生涯路——建筑工程技术专家。

（一）职业人格类型与职业价值观（略）

职业人格类型和职业价值观是职业选择的重要依据。社会型的职业人格类型和价值型取向职业价值观证明了我选择的职业路线是正确的、符合自己发展的。

（二）适合的职业特点（略）

不习惯有强烈的理想甚至成就目标，但会务实、尽心尽力地、一步步地达成部门或组织的目标。

（三）适合的职业

建筑工程技术专家、建筑工程技术人员。

（四）喜欢的职业

建筑工程技术专家

（五）职业环境分析（略）

（六）职业机会分析（略）

（七）自我建议

与工程实际更多的接触，争取更多的实习机会，通过多种途径了解工程实际情况。

四、求职能力分析（略）

五、职业目标

凡事业有成者都是目光远大者。我立志于做一位建筑工程技术专家。

（1）短期目标：找一份合适的工作，毕业论文优秀。

（2）中期目标：用五年时间成为企业优秀的建筑工程技术骨干人员，并获得相关职业资格证书。

（3）长期目标：做一个名副其实的高级建筑工程技术专家。

六、职业生涯规划

（一）短期目标（两年计划）（略）

（二）中期目标（五年计划）（略）

（三）长期目标（十年计划）（略）

七、注意事项

为了成为这个领域的专家，有必要定期对自己的职业生涯做一次检测，看看自己达到什么样的程度，还有哪些是需要加强的，哪些目标是需要根据环境的变化而调整的。

结束语

计划固然好，但更重要的在于其后的具体实践并取得成效。任何目标，只说不做，到头来都会是一场空。然而，现实是未知多变的，定出的目标计划随时都可能遭遇问题。因此，我们要有清醒的头脑。其实，每个人心中都有一座"山峰"，雕刻着理想、信念、追求、抱负；每个人心中都有一片"森林"，承载着收获、芬芳、失意、磨砺。一个人，若要获得成功，必须拿出勇气，付出努力、拼搏、奋斗。成功，不相信眼泪；成功，不相信颓废；成功，不相信幻影，未来，要靠自己去打拼。

【专家点评】

这篇职业生涯规划书文采飞扬，极富感染力。对自己情况介绍简明扼要，职业倾向和生涯目标定位明确，社会环境、行业和职业分析深刻，策略和措施有效可行。

 实训项目一：自我时间管理

一、实训概述

【目的及要求】

大学生活内容丰富，要学习的东西很多，要提升的个人能力也有很多，但时间有限，所以大学生要学会管理自己的时间，把时间量化，合理分配、合理利用。自我时间管理是大学生适应大学生活、独立自主地完成学业的重要基础工作，也是大学生制订、执行个人的学业计划以及规划自己职业生涯的重要基础。本项目的实训目的，在于通过对个人时间的量化管理及分配，培养大学生有效利用时间的习惯，增强其自我管理的意识，为设计及制订自己的学业计划奠定基础。

二、实训内容

【项目背景】

大学的学习、生活与中学有极大不同，认识到大学生活的特点之后，就可以根据大学生活的内容来有效安排自己的时间。通过将自己的时间量化，你会发现自己拥有大量的、可以自主调控的时间。你可以用它做许多事情，它足以让你体验到一切大学生可以拥有的生活。合理地利用时间，你会度过一个丰富、充实的大学时光。

【训练步骤】

（1）根据个人实际，计算出一周内各项时间内容（以 h 为单位计算），完成下列空行。

每周的总时间：　　　　　　$24h \times 7d = 168h$　　　　　　；

每周上课时间：＿＿＿＿＿＿＿＿＿＿＿＿＿＿＿＿＿；

每周上自习时间：＿＿＿＿＿＿＿＿＿＿＿＿＿＿＿；

平均每日自学及做作业时间为＿＿＿＿＿，则每周自学及做作业时间为＿＿＿＿＿＿；

平均每日睡眠时间为＿＿＿＿＿，则每周睡眠时间为＿＿＿＿＿＿；

平均每日吃饭等零碎生活事务花费时间为＿＿＿＿，则每周类似时间为＿＿＿＿；

剩下的业余时间：＿＿＿＿＿＿＿＿＿＿＿＿＿＿＿。

（2）将你的业余时间进行合理的分配，设计出有效的使用方法。

例如，参加一个学生社团，每周参与社团活动一次，花费 5h；

＿＿；

＿＿；

＿＿；

＿＿；

＿＿；

＿＿；

＿＿；

＿＿；

＿＿；

＿＿；

＿＿；

＿＿；

＿＿；

＿＿。

实训项目二：我的未来简历

一、实训概述

【目的及要求】

短短几年之后，大学生们就会走上社会岗位。未来他们能否具备优良的职业素质与职业能力，能否拥有良好的职业发展，很大程度上取决于大学期间的规划和其后一步步的努力奋斗。本项目的实训目的在于引导大学生能及早规划自己的发展路线，明确自己的发展方向，确定自己的学业目标，从而制订出自己的学业计划。

二、实训内容

【项目背景】

通过前一阶段的学习和生活，大学生对大学学习和生活的特点、所学专业，自身、职业与环境已经有了一定的认知。在此基础上，就可以通过展望未来的方式，将自己的发展方向明确化，规划出自己的发展路线。

【训练步骤】

结合自己实际，认真思考，按照以下内容，完成自己的未来简历。

我的未来简历

姓名：　　　　　　　　出生年月：

性别：　　　　　　　　民族：　　　　　　　政治面貌：

毕业学校：　　　　　　院系：

专业：　　　　　　　　学历：

联系电话：　　　　　　电子邮箱：

教育背景：

高中阶段：

大学阶段：

研究生阶段：

工作及实践经历：

学校实践：

主要集中在：担任学生干部、参与社团活动等的经历。

目的：展示能力与团队精神。

社会实践：

主要集中在：参加青年志愿者活动、社会实践活动，如暑假工厂实习、暑期家教团队的管理与策划等，突出社会阅历、感知、实践操作能力。

其他实践：

重点说明与专业相关的实习、实践活动或与未来工作领域相关的实践活动。

获奖及能力情况：

获奖及论文情况：

学习获奖（三好学生、各类各级奖学金、学科竞赛获奖等）、能力获奖（优秀学习干部、校园明星）；学业论文发表或撰写情况。

工作能力：

根据想从事的工作领域有重点地介绍与之相关的能力。

英语水平：

理论水平：CET-6/CET-4；口语证书等。

应用水平：英语基础扎实，熟练掌握听、说、读、写、译等各种英语技能。熟悉专业词汇，能顺利阅读及翻译政治与法学等相关方面的英文资料。

专业能力：

略

个人评价：

责任心、团队精神、性格特点等。

 # 实训项目三：大学生学业计划书

一、实训概述

【目的及要求】

对于大学生而言，尽早对学业进行准确定位和细致计划是非常有利于今后的成长与发展的。本项目的实训目的就在于明确自己的学业目标，进而细化分解，制订出切实可行的学业计划书。

二、实训内容

依照教材中所讲述的方法、步骤以及例文，制订出自己的大学生学业计划书，内容应具体、详尽、可行。

 # 实训项目四：大学生职业生涯规划设计书

一、实训概述

【目的及要求】

大学时期做好职业规划可以使大学生在未来能够正确地选择职业，克服职业生涯发展中的险阻，获得事业的成功。本项目的实训目的在于综合前期各项研究成果，对自身的职业生涯做出详尽、细致、可行的规划，将其明确化、系统化，为自己大学及未来的发展提供有效指引。

二、实训内容

将前期自我认知、职业及环境认知的成果予以整合，并做进一步的研究、分析，参照教材所示的大学生职业生涯规划设计书样式及例文，完成自己的大学生职业生涯规划设计书。